»Was schlug mir das Herz, vom Geburtstag an, über den St. Nikolaus-Tag auf Weihnachten zu«, schreibt Rilke seiner Mutter mit 48 Jahren, »und wie steigerte sich diese seine Erregtheit immer noch mehr, am 21ten, am 22ten, am 23ten, bis am seltsam ausgesparten Nachmittag des 24ten ‹...› dann die Glocken, die Glockenspiele eindrangen, die dem Aufspringen der Türen zuvorflogen durch die Dämmerung des unvergleichlichen Wintertags.« Die meisten der hier von Hella Sieber-Rilke zu einem Weihnachtslesebuch zusammengestellten Briefe, Gedichte, darunter auch bislang unveröffentlichte, und die Erzählung »Das Christkind« sprechen von diesem beseligenden Gefühl der Vorfreude, das für Rilke zeitlebens mit dem Weihnachtsfest und vor allem dem Heiligen Abend verbunden blieb.

Rainer Maria Rilke, geboren am 4. Dezember 1875 in Prag, gestorben am 29. Dezember 1926 in Val-Mont in der Schweiz, ist einer der bedeutendsten Dichter des frühen zwanzigsten Jahrhunderts. Zu seinem Werk gehören neben Gedichten auch Dramen, Erzählungen, Betrachtungen und Kritiken sowie ein umfangreiches Briefwerk. Er hat als Autor in deutscher und französischer Sprache geschrieben und war als Übersetzer aus vielen Sprachen tätig. Sein Werk wird seit mehr als 100 Jahren im Insel Verlag betreut.

insel taschenbuch 2865

Rainer Maria Rilke

Weihnachten

Rainer Maria Rilke
Weihnachten

Briefe, Gedichte und
die Erzählung »Das Christkind«

Ausgewählt und
mit einem Nachwort versehen
von Hella Sieber-Rilke

Insel Verlag

Umschlagabbildung: Rosso Fiorentino,
Musizierender Engel. 1505. Uffizien, Florenz

insel taschenbuch 2865
Erste Auflage 2002

Vertrieb durch den Suhrkamp Verlag
Umschlag nach Entwürfen von Willy Fleckhaus
Satz: Hümmer GmbH, Waldbüttelbrunn
Druck: Nomos Verlagsgesellschaft, Baden-Baden
Printed in Germany

2 3 4 5 6 – 07 06 05 04 03

Weihnachten ist der stillste Tag im Jahr,
da hörst Du alle Herzen gehn und schlagen
wie Uhren, welche Abendstunden sagen:
Weihnachten ist der stillste Tag im Jahr,
da werden alle Kinderaugen groß,
als ob die Dinge wüchsen die sie schauen,
und mütterlicher werden alle Frauen
und alle Kinderaugen werden groß.
Da mußt du draußen gehn im weiten Land
willst du die Weihnacht sehn, die unversehrte
als ob dein Sinn der Städte nie begehrte,
so mußt du draußen gehn im weiten Land.
Dort dämmern große Himmel über dir
die auf entfernten weißen Wäldern ruhen,
die Wege wachsen unter deinen Schuhen
und große Himmel dämmern über dir.
Und in den großen Himmeln steht ein Stern
ganz aufgeblüht zu selten großer Helle,
die Fernen nähern sich wie eine Welle
und in den großen Himmeln steht ein Stern.

Für Clara Rilke. Weihnachten 1901

Wenn Weihnachten naht

Es treibt der Wind im Winterwalde
die Flockenherde wie ein Hirt,
und manche Tanne ahnt, wie balde
sie fromm und lichterheilig wird;
und lauscht hinaus. Den weißen Wegen
streckt sie die Zweige hin – bereit,
und wehrt dem Wind und wächst entgegen
der einen Nacht der Herrlichkeit.

Aus: Advent. 1897

Wenn so ein Weihnachten herankam und zögerte und plötzlich da war, so nah vor dem Herzen, wie ein Berg an dem man nicht hinaufsehn kann, – welches Erleben erlebten wir da nicht? Welche Erwartung blieb außerhalb, welche Freude wurde uneröffnet zurückgelegt; und wieviel Schicksal war aufgelöst in alledem, wieviel von Traurigkeit und Tod tranken wir mit einem Tropfen Enttäuschung, der süß war wie alles andere und doch so anders in seiner Süße –.

Ich merke nun, wie sehr es in der Arbeit wiederkommen will, dieses Alles-in-Allem-sein, das die Kindheit war.

An Sidonie Nádherný von Borutin, 15. Dezember 1907
aus Oberneuland

Der Abend kommt von weit gegangen
durch den verschneiten, leisen Tann.
Dann preßt er seine Winterwangen
an alle Fenster lauschend an.

Und stille wird ein jedes Haus:
die Alten in den Sesseln sinnen,
die Mütter sind wie Königinnen,
die Kinder wollen nicht beginnen
mit ihrem Spiel. Die Mägde spinnen
nicht mehr. Der Abend horcht nach innen,
und innen horchen sie hinaus.

Aus: Advent. 1898

Meine liebe gute Mama, unsere herzliche Sechs-Uhr-Tradition hat lauter frohe und treue Eigenschaften: aber ist es nicht eine der schönsten, die sie uns zugutekommen läßt, daß wir uns nicht allein, jedes Jahr, die alte Weihnachtsfreude schenken, gegenseitig, sondern, daß dieser zwischen uns vertrauliche Gebrauch auch noch die Weihnachts-Vor-Freude aufleben und dauern läßt, die vor der geschlossenen Tür verhaltene, die immer von so starker herzklopfender Bedeutung war! Denn indem jeder von uns, infolge der Entfernung, die unsere Briefe zu überwinden haben, genötigt wird, indem er schreibt, sich einige Tage vor dem Fest schon seine ganze heimliche Gegenwart vorzustellen, ja aus ihr heraus, das zu fühlen, was den Anderen: Dir! – die Sechsuhrstunde betonen und erfüllen soll, ist er unversehens in der großen reichen Vor-Freude drin und spricht mitten aus ihr. Von nirgends her ist ja die Freude erkennbar und ergreifbar als von der Vor-Freude aus. Also, meine liebe Mama, da bin ich, in ihr, in dieser wohlbekannten Vorfreude, die Freude sein wird, wenn Du dieses liest und mich, im Innern dieser Zeilen, in Deine Arme schließest. Aber laß mich noch eine Weile bei der Vorfreude bleiben. Die habt Ihr mich ja, Du und Papa, in einer unvergleichlichen Weise, gelehrt, mittels der Vorbereitungen und Überraschungen, die bei uns zu diesem Fest gehörten. Was schlug mir das Herz, vom Geburtstag an, über den St. Nikolaus-Tag auf Weihnachten zu, und wie steigerte sich diese seine Erregtheit immer noch mehr, am

21ten, am 22ten, am 23ten, bis am seltsam ausgesparten Nachmittag des 24ten, in seinem nicht mehr zu steigernden Sturm jene Wind-Stille eintrat, die im Menschlichen mit dem Zuviel beginnt, und in deren reine Atemlosigkeit dann die Glocken, die Glockenspiele eindrangen, die dem Aufspringen der Türen zuvorflogen durch die Dämmerung des unvergleichlichen Wintertags. Vielleicht bin ich deshalb, meine liebe Mama, ein solcher Rühmer der Freude geworden (sie dem Glück, auch noch dem, was die Menschen ein großes Glück nennen, unbedenklich vorziehend), weil Ihr mich zu so großer Vorfreude erzogen habt und an diesem einen Tag, in dem so viel Erfüllung geheimnisvoll zusammenkam, meinem Herzen zumutetet, in der Leistung der Vorfreude, ein Maß der Freude anzunehmen, das völlig unaussprechlich war. Die Freude selbst war es dann ja auch: unaussprechlich. Vielleicht schlug in sie etwas Verwirrung hinein, etwas Taumel fiel über sie her, etwas selige Müdigkeit beschlug sie... so daß man in ihr nicht mehr so klar, nicht mehr so rein leistend war, nicht mehr so unbeschränkt aktiv wie in dem engelhaften Wehen der Vor-Freude. Dort ging man, man stieg –, hier, in der Freude, war man über einen äußersten Rand gehalten und meinte nicht anders zeitweise, als zu fallen, weich und tief zu fallen. Denn, wer weiß, vielleicht ist das Leben so unendlich diskret, daß die Freude schon Einbildung ist: vielleicht ist ja das ganze Irdische, in seiner letzten Zusammenfassung, in der auch noch der größeste Schmerz, als eine Einzelheit, untergeht, nichts als eine einzige Vor-Freude – und die Freude, die uns hier überträfe, wartet anderswo.

Feiern wir, meine liebe gute Mama, heuer in diesem Sinn unser stilles gemeinsames Fest; lassen wir's, was die Geburt des Heilands ja auch war, das Fest der Vorfreude sein. Denn die Freude war die Erlösung, war die Auferstehung, war die Himmelfahrt: und siehe: diese Ereignisse und Offenbarungen der letzten Freude, der äußersten, übertrafen sogar Maria so sehr, daß sie ihr nur noch als ein seliger Schmerz faßbar waren.

An die Mutter. Vor Weihnachten 1923
aus Muzot

Das Wunder der Weihnacht

Mechthild von Magdeburg

Wie das Kind gesehen ward

»In der Nacht als Gottes Sohn geboren wurde, ward das Kind gesehen in armen Tüchern eingewunden und mit Schnüren gebunden. Das Kind lag allein auf dem harten Stroh vor zwei Thieren. Da sprach ich zu der Mutter: Eÿa, liebe FRAU, wie lange soll dein liebes Kind so allein liegen? wann willst du es auf deinen Schooß nehmen? Da sprach Unsere FRAU, sie ließe ja ihr Kind nie aus den Augen; sie reichte ihm ihre Hände und sprach: Es soll diese sieben Stunden unter Nacht und unter Tag auf diesem Stroh liegen. Sein himmlischer Vater will es so. / Dem him̄lischen Vater war sonderlich wohl damit: das erkannte ich da. Ich bat das Kind für die, die sich mir befohlen hatten.«

(Schwester Mechthild von Magdeburg, Offenbarungen, Siebenter Theil, Cap. LX; Ende des XIII. oder Anfang des XIV. Jahrh.)

Zu Weihnachten 1908
für Sidie von Nádherný.

Paris *R. M. R.*

Wer Vertrauen hat ist stark, und diese stille Weihnachtsstunde ist von denen, die Kraft verleihen können, weil sie voll Wunder ist und voll Geheimnis. Und man muß nur still und einsam und geduldig genug sein, um die Gnade einer solchen Stunde in sich aufzunehmen, die in viele nicht eingeht, weil kleines Geräusch in ihnen ist und keine Ordnung. Es liegt schließlich alles daran, daß wir uns an das Große halten, an das, was wir allein in unserem Herzen erleben und was niemand stören kann. Wenn wir uns in den Stunden großer Sammlung und Erhebung sagen, daß das das Leben ist, was sich so zitternd und festlich in uns rührt und unseren Blick blendet mit großen glänzenden, tiefherkommenden Tränen, – dann wird die kleine Wirrnis, die uns umgibt, das Tägliche und Trübe uns nichtmehr irremachen; mit mitleidiger Nachsicht werden wir es ertragen und wenn wir auch leiden unter der Last, sie wird uns nicht geringer machen als Gott uns will, der gerade jene Stunden der Erhebung uns gesetzt hat wie strahlende Stationen des dunklen Weges, auf dem wir ihn suchen!

An die Mutter. 20. Dezember 1903
aus Rom

Gottes Segen und heilige Freundschaft zum stillen Fest. Ich feiere es mit Dir im Geiste, wie jedes Jahr, und bin recht innig froh, zu denken, daß Du gerade zurecht gereist bist, um den weihevollen Abend, (so recht den »Feierabend« des ganzen Jahres,) – in einer freundlichen Umgebung zu verbringen; nicht ohne Fremde zwar und allein, aber in jener stillen und friedfertigen Verfassung, die uns ermöglicht, alles Heimatbedürfnis nach Innen zu verlegen, an eine überaus geschützte Stelle des Herzens, wo den Einsamen, gleichsam als Ersatz für alles, was sie entbehren, deutlicher und klarer als allen anderen Menschen, das warme Bewußtsein ersteht, Gottes innige Heimat durch alle Ferne und Fremde *in sich* zu tragen. Wie könnte man die geweihte Stunde tiefer begehen und erleben, als in dieser rührenden Überzeugung, die, auszeichnend und demütigend zugleich, das Herz leuchtend und die Seele gewichtlos macht? Und ist es möglich in dieser hohen Tröstung zu verweilen, ohne die Vermutung, daß man sie vielleicht nicht betreten hätte, wenn weniger Verfolgung, Prüfung und Unrecht über einen hereingebrochen wäre? Das Schwere, das uns aufgelegt wird, drückt es uns nicht tiefer in unser Herz hinein, das wir im Glück nur zerstreut und oberflächlich kennenlernen? Das Böse, das auf uns aufmerksam ward, wie oft hat es uns nicht, wenn es uns auf den Fersen blieb in den rechten Weg hineingejagt? Und bildeten wir nicht hundertmal unter dem Andrang irgendwelcher Schmerzen die Geduld aus, die nötig ist, um abzuwarten, daß das Gute bereit ist für uns und wir selbst reif, es zu verstehen und zu verwenden?

Unser Leben ist schnell und kurz, Gott aber ist langsam und ohne Ende: Darum kommen immer wieder Momente, wo das eine mit dem anderen nicht vereinbar scheint, und wir sollen auch nicht wissen, *wie* es sich vereint: sondern nur offenen Herzens für das Mysterium da sein, daß das Große im Geringen Raum hat: Daß in der Intensität unseres Daseins ein Augenblick Ewigkeit sich verdichten kann, der mit Gottes ununterbrochenen Ewigkeiten zusammenfällt. –

An die Mutter. 20. Dezember 1909
aus Paris

Geburt Christi

Hättest du der Einfalt nicht, wie sollte
dir geschehn, was jetzt die Nacht erhellt?
Sieh, der Gott, der über Völkern grollte,
macht sich mild und kommt in dir zur Welt.

Hast du dir ihn größer vorgestellt?

Was ist Größe? Quer durch alle Maße,
die er durchstreicht, geht sein grades Los.
Selbst ein Stern hat keine solche Straße.
Siehst du, diese Könige sind groß,

und sie schleppen dir vor deinen Schoß

Schätze, die sie für die größten halten,
und du staunst vielleicht bei dieser Gift –:
aber schau in deines Tuches Falten,
wie er jetzt schon alles übertrifft.

Aller Amber, den man weit verschifft,

jeder Goldschmuck und das Luftgewürze,
das sich trübend in die Sinne streut:
alles dieses war von rascher Kürze,
und am Ende hat man es bereut.

Aber (du wirst sehen): Er erfreut.

Aus: Das Marien-Leben. 1912

Was ich Dir wünsche, liebe Mama, ist, daß an diesem weihevollen Abend, das Erinnern aller Not, ja das Bewußtsein der nahen Sorge und Unsicherheit des Daseins ganz aufgehalten und gewissermaßen aufgelöst sein möchte in jenem innersten Wissen um die Gnade, der ja keine Zeit zu dicht im Verhängnis und keine Bangheit so verschlossen ist, daß sie nicht zu *ihrer* Zeit – die *nicht* die unsrige ist! – einzutreten und das scheinbar Unüberwindliche mit ihrem milden Sieg zu durchdringen wüßte. Es gibt keinen Moment im langen Jahre, wo man sich ihre immerfort mögliche Erscheinung und dann Allgegenwärtigkeit so lebhaft ins Gemüt zu rufen vermöchte, wie diese über die Jahrhunderte hin unabhängige Winter-Nacht, die durch die unvergleichliche Hinzukunft jenes alle Wesen umwandelnden Kindes die Summe aller übrigen Erdenmächte an Wert mit einem Schlag überwog und übertraf. Mag der leichte Sommer, wo das Dasein um ein Beträchtliches erträglicher und mühloser scheint, wo wir nicht so unmittelbar Anfeindung aus der Luft und aus der heiter beschäftigten Natur uns zu erwehren haben –, mag der glücklichere Sommer uns mit Tröstungen verwöhnen, – was sind sie alle gegen die unermeßlichen Trost-Schätze dieser außen unscheinbaren, ja armen Nacht, die nach innen zu plötzlich offen steht, wie ein Alle umfassendes und wärmendes Herz und die wirklich mit Schlägen ihres glockentönigen Herzens antwortet auf unser Hinein-Horchen in den innersten Gewahrsam!

Alle Verkündigungen der Vorzeit reichten nicht hin, *diese* Nacht anzusagen, alle Hymnen, die zu ihrem Preise gesungen worden sind, reichten nicht an die Stille und Spannung heran, in der Hirten und Könige niederknieten –, so wie ja auch wir, keiner von uns, je imstande gewesen ist, während diese Wunder-Nacht ihm geschieht, die Maße seines Lebens anzugeben.

Es ist so recht das Mysterium von dem knieenden, von dem tief knieenden Menschen: daß er größer sei, seiner geistigen Natur nach, als der stehende! welches in dieser Nacht gefeiert wird! Der Knieende, der sich ganz ans Knieen gibt, verliert allerdings das Maß seiner Umgebung, selbst aufschauend wüßte er nicht mehr zu sagen, was groß und was klein ist. Aber ob er gleich in seiner Abgebogenheit kaum die Höhe eines Kindes hat, so ist er, dieser Knieende, doch nicht klein zu nennen. Mit ihm verschiebt sich die Skala, denn er, indem er der eigentümlichen Schwere und Kraft in seinen Knieen folgt, und die Stellung einnimmt, die sich zu ihnen hinbezieht, gehört bereits zu jener Welt, in der Höhe – Tiefe ist, – und wenn schon Höhe unserem Blick und unseren Apparaten unermeßlich bleibt –: wer ermäße die Tiefe?

Dieses aber ist die Nacht der aufgetanen strahlenden Tiefe. – oder – . ?

An die Mutter. 17. Dezember 1920
aus Schloß Berg am Irchel

Laß uns wie immer in diesem Moment der vielfachen Bedrängnis ‹…› unrecht geben; in diesem Augenblick sei sie nichts als Vorläufiges, Vergängliches, – und was ihr gegenüber aufgeht und sie überwiegt, sei jenes Innerste in uns, das von ihr unberührt geblieben ist, jene tiefste, reinste Mitte unserer Natur, aus der uns zeitlebens nichts als Schutz gekommen ist, Stille und Überwältigung zur Zuversicht. Dort, im Centrum seines Gemüts, das ihm selber sooft unzugänglich bleibt, feiert der Christ Weihnachten, und sein Fest hängt einzig daran, ob er sich die Gnade erhalten hat, dort, in seinem Allerinnersten eintreten, dort einen Augenblick still sein, dort auf eine unsäglich feierliche Art zuhause sein zu dürfen.

‹…› auch Dir, die Du ja immer die unbeirrbare Stärke hast, den Weg in jene innere Helle zu finden, in der nun Weihnachten wird, in diesem ganzen inneren Augenblick –, auch Dir wird es, obwohl von Außen die Sorgen Dich so viele näher bedrängen, nicht schwer sein, Dich auf den reinsten und lautersten Platz im inneren Gemüt zurückzuziehen, um dort das Mysterium des kleinen Heilands zu feiern, dessen Macht damals am herrlichsten und unschuldigsten war, da er schon in der Krippe lag: zur Welt gekommen –, und die Welt noch nicht zu ihm. *So* darf ihn heute, wer ein stilles, nicht zu sehr flackerndes Herzlicht hat, gewahren und anstaunen und anbeten!

An die Mutter. Am letzten Adventssonntag 1921
aus Muzot

Es ist heute der Abend vom Wunder zu reden, angesichts des Wunders der heiligen Krippe ‹...›! – So laß uns, liebe Mama, auch heute, wie seit Jahrzehnten, wie in meiner kleinsten Kindheit, staunend und freudig vor diesem heiligen Geheimnis vereinigt sein: wie sehr der gute Papa das Geschenkzimmer vorzubereiten wußte, so daß das Kinderherz hoch aufschlug beim Aufspringen der Flügeltür und meinte, wie von einer Welle der Erfüllung überwältigt zu sein. Aber wie viel gewaltiger noch, je mehr dieses eine kindliche Herz wächst und zunimmt, wie ungeheuer überlegen auch noch in ihm, dem erwachsensten Herzen, bleibt diese verschwenderische jede seiner Erwartungen überfüllende Welle, wenn sie nun nichtmehr aus dem heimlich ausgestatteten, plötzlich eröffneten Zimmer, nicht mehr vom übervollen Gabentisch, sondern von der kleinsten unscheinbarsten Stelle herüberschlägt, an der wir das Weihnachtslicht anzünden. Die Erscheinung des lieblichen Wunders durfte kleiner, geringer werden, weil wir dahingekommen sind, über dem mindesten Zeichen seiner Gegenwart, den ganzen Glanz *in* uns, in unserem festlichen, geordneten Gemüt wahrzunehmen. Die Bescherung hat draußen nur ein Tischchen für sich, aber die lange Tafel der Erfüllungen steht nun in unserem Herzen, umgeben von einem Glanz, der auch noch die Erinnerung an den schönsten Christbaum der Kindheit übertrifft.

An die Mutter. 18. Dezember 1922
aus Muzot

Laß uns, wie jedes Jahr, auch heuer, in unseren vertrauten Erinnerungen Umschau halten, bis wir uns dort nebeneinander finden, wo wir beieinander auf dem Betschemel knieen, Du voraus- und mitwissend, die Überraschungen kennend, denen mein hochaufklopfendes Herz noch, ahnend und uneingeweiht, gegenübersteht. Mir scheint, wenn wir uns immer wieder in jene Situation zurückversetzen, die uns beiden im Gemüt und Gefühl geblieben ist, so daß wir ihre besondere Spannung und Reinheit mit keiner anderen Spannung oder Lauterkeit des inneren Erlebens vergleichen oder verwechseln könnten –, so sind wir sicher, in's Herz, in die Mitte der lieben starken Weihnacht zu geraten, dorthin, wo die Krippe steht und genau unter den großen Stern, der die ersten Anbeter zu ihr geführt hat. Laß uns denn knieen, und laß uns anbeten und uns freuen mit der großen Freude, die ausreicht, in den Winterhimmeln den Glanz und die Wärme zu ersetzen, die mit dem Sommer und Herbst verschwunden scheinen; da geht schon die innige Seelensonne auf das Jesuskind, und verspricht *seine* Jahreszeiten in unsern Herzen. Auch diese Sonne, deren stillen Aufgang in die verschneite Nacht zu legen, eine der vertraulichsten und innigsten Absichten Gottes war, diese Sonne, einmal in ihrer Bahn angetreten, beginnt ihren Kreislauf im Innenraum unserer Natur, auch sie geht ihren Weg über dem Wachstum unseres Gefühls, unseres Vertrauens und unseres Glaubens, – auch sie ist in ihrem Bereich, wie jene andere in der sichtbaren Welt, die große, die unwidersprechliche Erweckerin alles Blühens und die Gestalterin und Vollenderin unserer Früchte. Aber auch sie verändert, ähnlich der Weltensonne, ihren Abstand zu uns, auch sie mutet uns, von Wolken überzogen oder über anderen Hemisphären strahlend, einen langen Winter zu, Wintertage ohne den Beistand ihres Lichts und ihrer Glut... Und selbst wenn sie sich, übermächtiges Gestirn, uns völlig gönnt, sind wir nicht fähig, ihre Gnaden zu empfangen, teils wegen unserer Hinfälligkeit, teils weil die Stärke ihres Glanzes uns mit einem Zuviel von Feuer zu blenden droht. Drum halten wir so fest an dieser weihnachtlichen Gnaden-Macht: weil, hier, in ihrem kindlichen Aufgang, diese reiche und herrliche Sonne noch soviel Mildigkeit besitzt, daß wir sie, hingegeben, aushalten, daß wir vermögen, sie anzusehen und anzustaunen und wahrhaftig in ihrer Gegenwart zu sein. Alle anderen Male ist es der Glaube, der uns zu ihr helfen muß, hier aber, wo sie fast hilfsbedürftig scheint im Schooß ihres lieblichen Ursprungs, da genügt die bloße empfangende und einsehende, ja eine fast nur ruhende Liebe, um ihre Göttlichkeit auf uns zu lenken und uns unterzuhalten unter ihren Überfluß.

An die Mutter. 17. Dezember 1924
aus Val-Mont

Meine liebe Mama, wenn Du diese Zeilen liest, ist unsere sechs-Uhr-Stunde wieder, über ein Jahr, in ihre alten Rechte getreten: fühle, daß ich da bin sie mit Dir zu feiern! So nah an der Heinrichsgasse: ich denke immer, wenn Du Dich hineinhörst, müßten noch die Glocken vernehmlich sein, die Papa im spannendsten Augenblick auf so festliche ankündende Art zu läuten wußte. Ich glaube, alle Freuden meines Lebens haben *diese* Stimme gehabt, so wie alle, zu welcher Zeit des Jahres, sie mich auch treffen mochten, an Weihnachten denken ließen: so sehr ist jene Erfüllung, jene Reihe von Erfüllungen, die ich einst unter dem strahlenden Christbaum vorfand, atemlos, mit bis in den Hals klopfendem Herzen, maßgebend geblieben für alle Beschenkungen, später, des Lebens! Und sie muß ausreichen diese alte frühe, in mein Herz so gut wie in Deines, eingepflanzte Freude, uns die über alle Entfernung gemeinsame Stunde lieb und hell zu machen. Wenn mein Dasein später, unter dem furchtbaren Druck der Militärschule, gewissermaßen in meine eigenen, oft so schwachen und ratlosen Hände überging –, damals, zur Zeit jener Weihnachten, hielt ich es noch nicht, gab es Euch aber, Dir und Papa, manchmal zu halten, und es ist sicher bestimmend für mich geworden, daß Ihr fähig und entschlossen wart, es dann unter dem Schutze und Glanze dieses Festes so hoch als möglich in den Jubel hinaufzuheben, in jenen Jubel, der mir die Engel geschenkt hat, deren Bewußtsein, weit entfernt mir verloren zu gehen, auf allen Stufen des Lebens mit mir gewachsen ist! Und so seien es heute die kleinen, an mir gemessen doch damals schon so großmächtigen Engel unserer alten Weihnacht, die ich bitte, meine liebe Mama, von unserem Gedenken zu wissen und mit ihrer leichten Gegenwart sich zu teilen zwischen Deinem und meinem Gabentisch, zwischen Deiner und meiner Einsamkeit. Wir knieen zu gleicher Zeit, in der gleichen Erinnerung, hineingerückt, jeder von seiner Seite her, in das Licht der gleichen Christ-Nachts-Gnade: und so knieen wir neben einander. Schließ mich ein in Dein aufopferndes Gebet, in seine Festlichkeit und Frohheit, zu der Du, gehorsam, von der Krippe Anlaß um Anlaß nimmst, und laß mich Dir sagen, wie ich Deinen Mut im innersten Herzen bewundere, der Dich »Weihnachten« fühlen und feiern läßt in Einsamkeit und mancher Sorge, ohne daß eine Ablenkung oder Entbehrung Dein Gefühl stören kann; so groß ist die Schenkung, die ihm immer wieder von dem erneuten kindlichen Heiland zukommt, so groß aber auch seine Fähigkeit, mit den wirklichen Werten des Herzens beschenkt zu sein!

An die Mutter. Vor Weihnachten 1925
aus Muzot

Verkündigung über den Hirten

... Einer neigte sich der Kronenblonden,
welcher ihre Sanftheit selig sprach, –
und, umrauscht von seidenen Rotonden,
gingen ihm die vielen Engel nach.

Kamen zu den Herden mit den Hirten,
und die Landschaft lag in Abendruh.
Helft uns weiter, weil wir uns verirrten!
sangen sie den fremden Männern zu.

Und die Hirten waren aufgestanden,
und die dunklen Herden schwankten schwer, –
und die Engel kamen hinterher,
wachsend und in faltigen Gewanden...

Aus: In und nach Worpswede. Um 1900

M‹arthe›. je t'écris cette nuit de Noël, parce que c'était à cette même nuit que j'avais, dans mon enfance, un commerce très-facile avec les anges. Je croÿais tant qu'ils soient là qu'il me semble de pouvoir même maintenant les attirer à ce moment, non jusqu'à moi mais assez près pour qu'ils entendent l'évocant silence de mon cœur qui les appelle. Je les appelle pour toi, pour qu'ils viennent en ton aide, car tu as besoin d'être aidée; pour qu'ils veillent sur toi dans ces années peut-être plus périlleuses que celles qui ne furent que franchement néfastes. ‹...›

Marthe, ich schreibe Dir in dieser Heiligen Nacht, weil es auch diese Nacht war, in der ich, in meiner Kindheit, einen ganz leichten Umgang mit Engeln hatte. Ich glaubte so fest, sie seien da, daß es mir selbst jetzt noch möglich scheint, sie in diesem Augenblick heranzulocken, nicht bis zu mir, aber doch nahe genug, daß sie die aus meinem Herzen rufende Stille vernehmen. Ich rufe sie für Dich herbei, damit sie Dir zu Hilfe kommen, denn Du bedarfst der Hilfe; und damit sie über Dich wachen in diesen Jahren, die vielleicht gefährlicher sind als jene, die nur einfach unheilvoll waren. ‹...›

Aus dem Entwurf eines Briefes an Marthe Hennebert.
Weihnachten 1912 aus Ronda
(deutsch von Curdin Ebneter)

Verkündigung über den Hirten

Steht auf, ihr Männer. Männer dort am Feuer,
die ihr den grenzenlosen Himmel kennt,
Sterndeuter, hierher! Seht, ich bin ein neuer
steigender Stern. Mein ganzes Wesen brennt
und strahlt so stark und ist so ungeheuer
voll Licht, daß mir das tiefe Firmament
nicht mehr genügt. Laßt meinen Glanz hinein
in euer Dasein: Oh, die dunklen Blicke,
die dunklen Herzen, nächtige Geschicke
die euch erfüllen. Hirten, wie allein
bin ich in euch. Auf einmal wird mir Raum.
Stauntet ihr nicht: der große Brotfruchtbaum
warf einen Schatten. Ja, das kam von mir.
Ihr Unerschrockenen, o wüßtet ihr,
wie jetzt auf eurem schauenden Gesichte
die Zukunft scheint. In diesem starken Lichte
wird viel geschehen. Euch vertrau ichs, denn
ihr seid verschwiegen; euch Gradgläubigen
redet hier alles. Glut und Regen spricht,
der Vögel Zug, der Wind und was ihr seid,
keins überwiegt und wächst zur Eitelkeit
sich mästend an. Ihr haltet nicht
die Dinge auf im Zwischenraum der Brust
um sie zu quälen. So wie seine Lust
durch einen Engel strömt, so treibt durch euch
das Irdische. Und wenn ein Dorngesträuch
aufflammte plötzlich, dürfte noch aus ihm

der Ewige euch rufen, Cherubim,
wenn sie geruhten neben eurer Herde
einherzuschreiten, wunderten euch nicht:
ihr stürztet euch auf euer Angesicht,
betetet an und nenntet dies die Erde.

Doch dieses war. Nun soll ein Neues sein,
von dem der Erdkreis ringender sich weitet.
Was ist ein Dörnicht uns: Gott fühlt sich ein
in einer Jungfrau Schoß. Ich bin der Schein
von ihrer Innigkeit, der euch geleitet.

Aus: Das Marien-Leben. 1912

Erfüllte Wünsche

Weihnacht

Die Winterstürme durchdringen
die Welt mit wütender Macht. –
Da – – sinkt auf schneeigen Schwingen
die tannenduftende Nacht...

Da schwebt beim Scheine der Kerzen
ganz leis nur, kaum, daß du's meinst,
durch arme irrende Herzen
der Glaube – ganz so wie einst...

Da schimmern im Auge Tränen,
du fliehst die Freude – und weinst,
der Kindheit gedenkst du mit Sehnen,
oh, wär es noch so wie einst!...

Du weinst!... die Glocken erklingen –
es sinkt in festlicher Pracht
herab auf schneeigen Schwingen
die tannenduftende Nacht.

1893

Das Christkind

»Gestorben« stand in gleichgültigen, brutalen, feuchtleuchtenden Lettern in dem dicken, grünen Krankenhausbuch. In derselben Zeile war zu lesen: II. Stock, Zimmer 12, Nummer 78. Horvát, Elisabeth, Försterstochter, 9 Jahre alt.

Der frühe Februarabend sah wie mit rotgeweinten Büßeraugen, müd und mürrisch, in das Zimmer 12. Die grauweißen Wände der Krankenstube schienen in dem gleichfarbenen Dämmer zu zerfließen, und das schwarze Holzkreuz schwebte frei in der Luft. Die Eisenbetten waren in verschwommenen Umrissen sichtbar. Die dämmerige Atmosphäre lag wie ein Bann auf den Kindern, deren je zwei ein Lager teilten. Irgendwo in dunkler Ecke weinte eines trostlos und leise, ein anderes erzählte mit weicher, vorsichtiger Stimme, als ob es am Bett der kranken Mutter säße, und ein kleines Mädchen, dem Fenster zunächst, hockte aufrecht in den Kissen, die Arme um die aufgestemmten Kniee geschlungen. Sein Profil und die rundliche Schulter hoben sich scharf als Silhouette ab von dem blaßgrauen Fenster. Und die karbolsatte Luft war so dicht, daß es schien, als prallten die schüchternen Laute des plaudernden Mädchens an ihr ab, und nur das versteckte Weinen aus der dunkeln Ecke bohrte sich mit spitzen Tönen in das Dämmer. So ist es im Wald an den Nebelnachmittagen des Frühherbstes: Die Stimmen aus Bach und Kraut versickern in dem Dunstmeer, und nur das

Wimmern windgequälter Wipfel zittert durch den einsamen Tann.

Jetzt trat die wartende Schwester zärtlichen Schrittes in die Stube ein. Sie entzündete die Gasflamme, die, hinter grünem Zeug versteckt, an der Mittelwand des Zimmers angebracht war. – Das mondscheinfarbene Licht flutete weich wie eine an flachem Sande landende Welle durch den Raum und beleuchtete fast gleichmäßig die fünf Eisenbetten. Die Schwester aber schob den Vorhang ein wenig beiseite: ungehemmt, mit rücksichtsloser Gewalt brach das grelle, rote Licht hervor. Eines von den mattschwarzen Wandtäfelchen war jetzt voll beschienen; es trug die Nummer 78. Das Bett darunter war zerwühlt und leer. Die Schwester trat hinzu, entfernte die Linnen und glättete die Matratzen.

Die Kinder waren alle verstummt. Sie folgten jeder Bewegung der Schwester mit geblendeten, lichtscheuen Blicken. Sogar die Kleine in der Ecke weinte nicht mehr. Sie saß aufrecht, den Kopf in beide Fäustchen gepreßt, und unter der schneeweißen Stirnbinde glühten ihre Augen, groß, wie eine einzige dunkle Frage.

Die Wärterin warf ihr die Puppe, die sie im verlassenen Lager gefunden, in den Schoß. Das Kind zuckte nur leicht zusammen und rührte das Spielzeug nicht an. Als starrte es in eine grelle vernichtende Flamme, sprühte in seinen Fieberaugen ein unsteter, flackernder Widerschein auf. Und in unbestimmtem Bangen verkroch sich das Kind, das das Bett mit ihm teilte, unter die Decke.

Da wandte sich die Kleine beim Fenster, und ihre Stimme war wie ein Sonntagslied:

»Ist die Betty jetzt ein Engel?«

Die Schwester nickte und lächelte und breitete mit ihren weißen Händen die hellblaue Hülldecke über das leere Bett.

Der Tod ist ein Nummerwechsel. – Die kleine Elisabeth lag jetzt drunten in der Kammer, deren weiße Außenwände sie oft vom Fenster aus gesehen hatte. Sie war kleiner geworden und brauchte mit ihren abgefrorenen Füßchen wenig Raum in dem schlichten Holzbett, an dem schon die neue Nummer angeheftet war. Die Nummer der Grube da draußen. Die war schon bereit; aber sie gähnte nicht schwarz wie der Rachen eines Untiers. Die hereinbrechende Nacht begann ein schimmerweißes Schneelinnen hineinzuweben, so daß der Platz nett und verlockend aussah wie das Bettchen reicher Kinder. Und die kleine Betty in der stillen Kammer lag so ruhig und getrost da, als wüßte sie das. Die wachsweißen Händchen hielten, wie spielend, ein kleines Holzkreuz, das Haar sonnte wie ein Heiligenschein aus der Spitzenwolke des Sterbekissens, und um die dünnen, blassen Lippen blühte ein wehmütiges Lächeln; so schlingt sich ein Kranz Immortellen um ein vergilbtes Gebetbuchblatt.

Lächelte sie, weil sie schon die liebe Mutter gesehen hatte, die sie nun seit vier Jahren beim lieben Gott erwartete? War die kleine Seele schon auf jungen, schimmerweißen Falterflügeln durch die grauen Nebel, an lauter lächelnden Sternen vorbei, in die ewige Heimat geflogen? Flatterte sie schon über die weite Milchstraße, wo so viele fleißige Engel sitzen, die immer neue Sterne blasen, wie die

Kinder auf Erden Seifenkugeln? War sie leicht gar schon nahe beim lieben Gott, der einen großen, silbernen Bart haben mußte und eine große, leuchtende Krone? Dorthin dürfen doch reine Seelen?

Und Narben gehen ja nicht durch bis auf die Seele – nicht wahr?

Sie kriechen nur über das kleine tote Körperchen wie rote, giftige Raupen. – Und wenn der liebe Gott befiehlt, daß die kleine Elisabeth mit diesem Körperchen angetan vor ihm erscheinen sollte, so werden die Wunden daran sicher schon heil sein, und man wird selbst im Himmel, wo es doch sehr hell ist, nicht einmal einen roten Strich mehr sehen.

Und das ist gut; denn der liebe Gott und die gute Mutter – sie sollen nicht wissen, daß die Stiefmutter die kleine Betty blutig geschlagen hat. Und daß sie's nie erfahren, das betete wohl die Kleine mit den blassen, gefalteten Händchen und den stillen, toten Lippen in der dunklen Leichenkammer.

Seliger Weihnachtstag, da die Kleinen mit vor Ungeduld trippelnden Beinchen und leuchtenden Augen an der verschlossenen Türe lauschen, hinter der sich helle, duftende Wunder vorbereiten, mit wichtiger Miene der Mutter zusehen, die den Festtagsfisch schmort für das Abendessen und, alte Lieder auf den frischen Lippen, zum Großmütterchen, das im hohen Ohrenstuhl am plaudernden Feuer träumt, hüpfen und ihm die sanften, faltigen Hände küssen. Und dann kommt wohl auch der Vater heim und bringt, Schneeperlen im Barte, ein tüchtig Stück Winter mit und erzählt vom Christkind, das ihm auf verwehten Wegen begegnet ist, und daß es Haare wie eitel Gold hat und die Hände voll bunter, prächtiger Dinge. – Und draußen heult der Sturm, und ein Schlitten klingt irgendwo, und alles ist so geheimnisvoll und so groß und so feierlich, daß man es nie mehr vergessen kann – ein ganzes Leben nicht.

Und die kleine Elisabeth hatte es auch nicht vergessen, daß es einmal so war, als Mutter noch lebte und die fremde Frau mit dem roten Gesichte noch nicht mit am Tische aß. Und sie hockte fröstelnd am Herde, in dem ein wildes, ungastliches Feuer loderte.

Ihre Sehnsucht nach der Mutter war auf einmal gar groß. Und als die dicke Frau sie mit Schlägen aus der Küche trieb, da verkroch sie sich wie ein mißhandelter Hund in den letzten Winkel unter dem Dache und weinte dort leise in sich hinein. Und es war, als löste sich alles Schwere, Dunkle in ihr in diesen lautlosen Tränen. Sie wußte endlich nur, daß es heute wieder Weihnachten war und daß alle guten Kinder fröhlich sein müssen, weil das Christkind durch die Welt geht.

Der Vater fand sie dort, strich ihr mit zitternden Fingern durchs Haar und schenkte ihr ein paar Kreuzer – einen ganzen Reichtum für das Kind. Und Betty hüpfte empor und schlang mit lachenden, klaren Augen beide Arme fest um Vaters Hals.

Das war wie ein Abschied.

Zwei Stunden später trippelte die Kleine, Vaters Kreuzer in der rechten Faust, durch die Gassen des Städtchens. Der Weihnachtstag war weiß und windstill, und der körnige

Schnee verbrämte wie weißes Pelzwerk die dünnen Schuhe des Kindes. Es lief waldwärts. Bei den letzten Häusern traf es eine kleine Gespielin. Die verstellte ihr den Weg und sagte in überlegenem Tone: »Glaubst du, das Christkind kommt auch zu dir?«

Betty schlug die großen, blauen Augen auf und antwortete mit inniger Überzeugung: »Das Christkind kommt zu allen braven Kindern.«

Und die Mittagsglocken klangen groß und ernst in den frostroten Weihnachtstag, als sagten sie ein »Amen« dazu.

Beim letzten Krämer kaufte Elisabeth um ihre Kreuzer ein paar Kerzchen, eine bunte, lange Flitterkette, Zündhölzchen und ein riesiges Herz aus Lebkuchen. Mit diesen Schätzen beladen lief sie weiter in den Wald, wo ihr schon keine Menschen mehr begegneten als die, die wegabseits dürres Reisig suchten; und die sahen vergrämt und erfroren aus und achteten nicht des Kindes.

Es gibt eine Stelle im Walde, wo der Abend, der sein Gold, ängstlich wie ein Geizhals, hinter den nächsten Berg trägt, zögernd verweilt, als könnte er sich kaum trennen von der schönen Erde. Dort stehen langstielige weiße Blüten, und die wiegen dann ihre Pracht im veratmenden Winde, wie Kinder, die dem scheidenden Vater ihre Tücher nachschwenken. So – sommers. Allein auch mitten im Winter, da der frühmüde Abend die roten Sohlen durch den schimmernden Schnee schleift, rastet er dort und küßt mit letzter Glut die alte, auf verwitterter Steinsäule wohnende Wegmadonna, die ihm in einsamer Wehmut nachlächelt.

Das war der kleinen Elisabeth liebster Platz. Dorthin war sie oft geflüchtet, brennende Schläge auf dem Rücken, und hatte der vergessenen Himmelskönigin ihr Leid erzählt wie einer Mutter. Und ihr war oft gewesen, als trüge das Steinbild die Züge des toten Mütterchens. Und nun hatte sie die Stelle noch viel lieber. Solang es Blumen gab, verging kein Tag, ohne daß das Kind den rostigen Nagel am Sockel mit frischem Schmuck verdeckte; und, traun, wenn jeder Altar im Lande nur *einen* solchen Beter fände, Gott müßte der Welt näher kommen!

Auch an diesem Weihnachtsabend ging die Kleine den gewohnten Weg und schleppte den Tand, den sie eingekauft hatte, mit sich. Ein stiller Plan machte ihre Augen glänzen und ihre Füßchen eilen. Sie warf der Steinmadonna einen neckisch-ehrfurchtsvollen Blick zu, der besagen sollte: Gelt, ich bin brav? Heut hast du mich nicht erwartet.

Dann ging sie ohne Zagen ans Werk.

Jenseits des Pfades, an dem die Betsäule stand, begann ein junges Tannengehölz. Das kleine Mädchen wählte einen der vordersten Bäume, dessen Spitze es mit ausgestrecktem Arm eben noch erreichen konnte, und spannte die bunte Papierkette um die wagrechten Zweige, auf denen schon fester Schnee wie glitzernder Demantschmuck prangte. Dann tropfte es die Kerzchen an den Ast-Enden fest, und zugleich mit dem ersten Stern der Heilsnacht gingen die Lichter an dem einsamen Weihnachtsbaum auf.

Das war nun wirklich eine große Pracht. Um die rotschwelenden Kerzchen herum schmolz der Schnee, und das glitzerte und blitzte, daß es eine Freude war. Klein-

Elisabeth sagte zuerst ein frommes Sprüchlein vor der Muttergottes her und rief, auf das strahlende Bäumchen weisend: »Freuts dich?« Dann biß sie gar herzhaft in das Lebkuchenherz und stand mit vollen Backen so nah vor dem leuchtenden Tannenbaum, daß der Widerschein des Glanzes in ihren reinen Augen funkelte.

Der ganze, weite Wald schien das Christfest mitzufeiern. Die hohen, schwarzen Tannen standen weit im Umkreis wie ehrfurchtsvolle Beter und staunten das just noch so unbedeutende Bäumchen an, wie Menschen ein Wunderkind betrachten. Die fernen Sterne sogar schienen sich über der Stelle zusammenzudrängen, um ja nichts von dem Schauspiel zu verlieren und dem lieben Gott und den Engeln und der guten Mutter der kleinen Elisabeth erzählen zu können, was für ein braves Kind sie wäre.

Auf den dämmerigen Waldwegen aber kamen große schwarze Vögel in neugierigen Sprüngen näher. Die könnten auch Hunger haben, dachte das Kind; Betty verspürte keine Furcht, und so teilte sie das mächtige Kuchenherz mit den gierigen Gästen. Ihr ward so froh und so selig, daß sie hätte singen mögen, wenn sie nur ein recht schönes, würdiges Lied gewußt hätte.

Die Kerzen waren schon ziemlich tief gebrannt; da setzte sich die Kleine zu Füßen des Heiligenbildes hin mit glücklichen Augen und frostblauen Händchen. Aber vom Frieren fühlte sie nichts. Es war so wunderstill um sie, und wenn sie die Augen schloß, so sah sie sich auf dem Schoß der teuren Mutter sitzen in warmer, traulicher Stube. Die Uhr tickte in gemessenem, behäbigem Takte, und der Wind schraubte sich in den prasselnden Kamin. Die Mutter strich ihr leise und zärtlich über den Scheitel und küßte sie mit roten, weichen Lippen mitten auf die Stirn. Und sie war schön, die Mutter, schön, wie die Fee im Märchen von Andersen, und trug eine seltsame Krone im reichen, flutenden Haar.

Und sie anschauen – war gut...

So kam es, daß die kleine, arme Elisabeth ein schöneres Christfest hatte als die reichen, satten Kinder in den schimmernden Stuben.

Sie war sehr glücklich. Und dieses Glück leuchtete auf dem kleinen Gesichte, wie sie so zu Füßen der Madonnensäule schlief. Die Händchen waren fest und treu gefaltet, und vom Steinbild floß ein schwarzer Schatten über das lächelnde Kind, als hätte die gnädige Himmelsfrau einen schützenden Schleier darüber gebreitet.

Das Bäumchen strahlte noch einmal hell auf in mählich verlöschender Pracht, und es hub ein Schneien an, langsam und feierlich, als schwebten alle Sterne zur Erde nieder.

Zwei Waisenkinder gingen an diesem Weihnachtsabend spät aus der Stadt dorfwärts durch den Wald. Und sie erzählten dem Pfarrer im Dorfe atemlos, mit glänzenden Augen:

»Wir haben das Christkind gesehen – mitten im Wald. Es lag neben einem herrlich leuchtenden Bäumchen und ruhte aus. Und es war schön, das Christkind – so schön...«

Aus: Am Leben hin. 1893

Meine liebe gute Mama, wir haben nie viel geredet unter dem Christbaum. So soll es auch heute sein, zumal das Reden auf dem Papier nicht einmal die Illusion von Nähe hervorruft. Und die sollst Du haben, d. h. mehr als die Illusion, – die Sicherheit, daß ich Dir nahe bin an diesem Abend, den Du mir, seit ich ihn zum ersten Mal erlebte, geschmückt und durch Beweise Deiner Liebe und Güte reich gemacht hast! Und Du sollst mich nahe empfinden, weil ich Dir mein neues Buch schenke und auf diese Weise mit dem Besten, was ich bis jetzt errungen habe und geworden bin, zu Dir komme, mit viel mehr als nur mit meinem Körper und Gesicht, mit viel mehr als meiner Seele: – mit einer Potenz meiner Kraft und Liebe, mit einem Teil meiner tiefen Frömmigkeit, mit einem Stück meiner Zukunft. – Das Buch »Vom lieben Gott« ... ist alles das. Nimm es gut auf und laß es das vollbringen am Heiligen Abend, was ich hier wünsche. Erkenne mich darin, liebe Mama.

Ich sage nicht mehr, – ich lege nur einfach mein Buch unter den kleinen Christbaum, oder dort auf das kleine Tischchen, wo die singenden Engel stehen und wo Du mir im vorigen Jahr die Fülle Deiner Gaben ausgebreitet hast. Siehst Du, man kann es ruhig aussprechen, denn ich bin wieder da, wie im Vorjahr, nur nicht gehetzt, nicht zu bestimmter Stunde kommend oder forteilend, ich bin an diesem Abend ganz leise überall in Deiner Stube, ohne Hast und voll teilnehmender Liebe. Und ich gehe nur fort, wenn Du anfängst traurig zu sein… Aber das tust Du nicht, nichtwahr – denn: Mein Buch ist voll Zuversicht und Licht!

Außerdem, mehr als Scherz, noch eine kleine Gabe: Ein Büchlein von Josef Victor von Scheffel zur Erinnerung an unsere Fahrt nach Toblino! Nimms gut auf ‹…›

An die Mutter. 22. Dezember 1900
aus Berlin

Meine liebe gute Mama, alle unsere innigsten Gedanken zu der stillen Stunde Deines Weihnachtens. Ich lese in Deinem Brief dankbar Dein Versprechen, mutig und stark zu sein und den Abend so zu verbringen, daß Du in Deinem Alleinsein meine herzliche Nähe empfindest und alle Geborgenheit, die Dein frommes Gefühl Dir verschafft, indem es sich nicht aller Sehnsucht und Hingabe in die Fülle aller Gefühle flüchtet: In die unerschöpfliche Herrlichkeit und Erhebung tiefer unbeirrter Anbetung. Und Du weißt ja, wie sehr wir uns auch dort, in gemeinsamer Verständigung wiederfinden, und wie sehr Dein Alleinsein auf einer Anzahl tiefer Beziehungen beruht, die vielleicht nur von denen, die allein sind in solcher Stärke ausgehen können. Möchtest Du, liebe Mama, in solchen Empfindungen und inneren herzlichen Sicherheiten die stillste Stunde verbringen, die jene weihnachtliche Stunde ist. Ich denke von Herzen zu Dir hin, ohne mich von der Entfernung beirren zu lassen; um sechs Uhr öffne ich das Cuvert, das in Deinem lieben eingeschriebenen Briefe lag und Du wirst zur gleichen Zeit die kleine Sendung öffnen, die ich heute abschicke. Dann wird die kleine Ruth ihren Weihnachtsbaum bewundern und ihr Fest feiern, zu dem die Sachen, die Deine Fürsorge ihr zugedacht hat, das Meiste beitragen werden. Aus Deinem lieben Brief weiß ich ja nun schon, wie lieb Du an uns gedacht und wie sehr Du für jeden *das* ausfindig gemacht hast, was ihm am meisten Freude bereitet. Lieben herzlichen Dank für alles. Ich bin sicher, daß

Clara über den englischen Flanell sehr glücklich sein wird: da ihr gerade ein Morgenkleid sehr fehlt, könnte ihr wirklich kein lieberes Geschenk gegeben werden. Und Ruth hat ja, weiß Gott, eine lange Liste: das Piqueekleidchen wird besonders reizend für sie sein, und ich sehe schon, wie sehr die Pastellstifte ihren Wünschen entsprechen: Es gibt nichts, was ihr über das Zeichnen und Schreiben geht.

An die Mutter. 21. Dezember 1907
aus Oberneuland

Eben sind wir, Ruth und ich, durch den ersten Schneefallversuch mit einem kleinen Wagen selber zur Post gegangen, unsere große Kiste zu holen, die dem Landboten zu schwer und weitläufig war. Ruth hatte viele Vermutungen, was sie enthielte und lauter Ungeduld: da sie aber aufging, die große Kiste, und dunkel offen stand, dunkelgrün mit geheimnisvollem Glänzen zwischen den festlichen Zweigen, da waren alle Erwartungen über und über erfüllt. Und nun steht der kleine schimmernde Baum, ganz als ob alles auf ihn gewartet hätte, vor dem dunkleren großen; steht und schimmert so für sich hin, als lächelte es in ihm mit dem aufgeteilten Lächeln von hundert kleinen Engeln; schimmert, so daß der graue Tag zu einer Nacht wird für seinen innigen Glanz; schimmert, gibt aus, was Sie ihm herzlich mitgegeben haben, gibt liebevoll aus mit allen seinen hinhaltenden vollen Zweigen. Ist wie das Märchen der silbernen Schlange, die wir plötzlich im Geäst entdeckten und auslösten, weil Ruth sie um den Hals fühlen wollte. Ist wie ein ganzes langes weihnachtliches Märchen, das sich selbst erzählt. Als ich den Baum heraushob, schalt Ruth mich; denn sie hatte vor mir schon die Puppe gemerkt, die bei meinem ungeschickten Griff vornüber zu hängen kam. Zärtlich nahm sie sie aus dem schwarzen Sammtband und brachte sie und bewunderte ihr seidenes Kleid mit wissend-sachlichem und geschmeicheltem Entzücken. Rasch wurde die Angekommene in den Puppenkreis eingeführt; die innen tannigt ausgeschlagene Kiste wurde zur Puppenlaube; und nun ist dort die ganze Puppenschaft versammelt und feiert die Ankunft der schönen neuen Gefährtin, deren spitzenbesetztes Kleid ihr eine bestimmte Stelle und eine gewisse Überlegenheit sichert für alle Zeit. Da ich aber am Spielplatz vorüber komme, reicht mir Ruth eines ihrer Briefpapiere mit dem Auftrag, Ihnen zu schreiben, was sie mir diktiert. Und gleich darauf bringt sie mir die schon vertraute Puppe in die Stube, damit sie mir »vorsagte«, was ich schreiben müßte, wenn ichs etwa vergäße. (Ruth hat schließlich selbst geschrieben, nachdem sie die Puppe nach sich selbst genannt hat.)

Am Weihnachtsabend wollte ich Ihnen telegraphieren. Dann aber schien mir, als ob das zu Ihnen Hin-Denken, das Hindenken in den Ihre Gestalt umstrahlenden Saal und das Gefühl, von einander zu wissen in der Stille dieser vor Stille singenden Stunde *mehr* wäre und sicherer und seliger, und als ob das Telegramm die Entfernung betonte gegenüber dem lieben Bewußtsein unbeirrter Nähe.

Danke für Ihre Briefe und alle Wünsche. Unser Fest war gut; aber es fällt mir von Jahr zu Jahr schwerer, die äußeren Feste zu feiern, selbst dieses nach innen reichende; so sehr möchte ich, daß alles Feiern ganz aus Innen käme.

An Sidonie Nádherný von Borutin. 26. Dezember 1907
aus Oberneuland

Meine liebste kleine Ruth, ein recht schönes Weihnachten mit erfüllten Wünschen wünsche ich Dir und schicke Dir Grüße und Küsse dazu. Ich weiß nicht, was Du alles bekommen wirst, nur daß der kleine Junge mit den krummen Beinen da sein wird weiß ich, und muß Dir schreiben, wie er heißt; er heißt nämlich: August und will ein für alle Mal »August« heißen nicht anders. Magst Du ihn so rufen? Er kennt mich gut, wir haben schon ein bischen zusammen gespielt als sein Steckkissen genäht wurde und er nicht wußte wohin. Da hab ich ihn zum Zeitvertreib auf meinem Knie hopsen lassen.

In diesen Brief leg ich Dir ein kleines Portmonnaie das hier in Tunis gemacht worden ist, und dann hat einer, so wie sie hier sitzen, gesessen, auf der Erde mit unter sich geschlagenen Beinen, und hat eine merkwürdige Mütze aufgehabt und ein langes Tuch um den Kopf gewunden und hat ganz nahe zugesehen und so schön er nur konnte die goldene Blume hineingestickt in die kleine Tasche, von der er ganz allein wußte, daß sie innen rot sei. Also, meine liebe kleine Ruth, sei froh und guter Dinge und freu Dich an Deinem lieben Weihnachten und sing ein schönes Lied, wie Dus mit Mutter gelernt hast, daß alle wissen, daß Weihnachten ist und mit Dir froh werden.

Ich denk an Dich

Dein Väterchen

An die Tochter Ruth Rilke. Am 18. Dezember 1910 aus Tunis

Also, meine liebe Mama, einen herzlichsten Kuß in der feierlichen Weihnachtsstunde, der stillsten im Jahr, der heimlichsten, in der immer noch im Unsichtbaren sich Wünsche bis zum Äußersten anspannen und wunderbar erfüllen: verbringe sie in einer tiefen großen Sammlung Deines Herzens, laß allen Zweifel und alles Nichtverstehen aus, wir haben eine Stelle in uns an diesem Abend wo wir einfach Kind sind, das erwartet, vertraut und unbeirrt dasteht in seinem Recht auf große Freude: dies ist Weihnachten, einmal im Jahr diese Erwartung in sich fühlen, dieses feste durch nichts enttäuschbare Anrecht, – fühlen, daß das Erwachsene, das jetzt über uns ist, nicht weniger, nein, mit viel mehr, mit Unendlichem uns überraschen will, daß im Grunde unsere größten Wünsche, wenn wir sie nur recht ins Herz fassen, nicht unerfüllt bleiben können, daß wir gar keinen Moment den *Wunsch*, sondern eigentlich immer schon eine kleine Erfüllung in uns tragen, die wir der Pflege Gottes überlassen müssen, der sie großzieht und zu Ansehen bringt aus unserem Erdreich.

An die Mutter. 19. Dezember 1910
aus Tunis

Meine liebe Ruth,

Frohe, frohe Weihnachten Dir und Allen im Hause.

Hoffentlich kommt ein gewisses Paket aus Triest zur Zeit und gut an: Du mußt mir erzählen, was drinnen war, ich bin neugierig, ob wir denselben Eindruck davon haben. Und dann mußt Du Dir ausdenken, was sich damit machen läßt: viel, glaub ich, und sehr, sehr Merkwürdiges.

Ich hoffe, Mutter ist schon bei Dir, denkt an mich; ich werde an euch denken.

Dein Väterchen
Rainer-Maria.

wenden

An die Tochter Ruth Rilke. Am 22. Dezember 1911 aus Duino; Rilke ließ ihr ein Puppentheater schicken

Weihnachts-Lied

*(die beiden ersten Zeilen jeder Strophe
sind feierlich, bedeutend zu singen;
die zwei anderen schnell, ungeduldig.
eilig = froh.)*

Weihnacht: Ei, daß wir Kinder sind,
heute sind wirs gern.
    Kommt, wir wollen dem Jesukind
    zeigen seinen Stern.

Wir sind größer, wir sehn ihn schon
stehn überm Schein der Stadt.
    Schnell, sonst weint er der Gottessohn
    weil er kein Sternlein hat.

Du gute Elya! meine Freude an Deinem Körbchen, (das also wirklich erst unter den übrigen hingestellten Dingen, nach Rosa's Anordnung, durfte in Empfang genommen werden,) war eine so liebe und reichliche. Und das ergab eine ganz weihnachtliche Ungeduld, die Tassen unter den drolligen Kuchen-Figuren herauszuholen, diese vertraulichen Tassen, die mich (denk Dir!) anmuten, als hätt ich sie einst in Schmargendorf besessen, als ich am »Stundenbuch« schrieb, vor zwanzig Jahren, und hätte sie jetzt plötzlich wiedergefunden und viele Erinnerungen mit ihnen. Es sind die rechten Wintertassen, sie in Lampenschein und Wärme vorzufinden, wenn man von einem großen Weg nachhause kommt, und ich habe, fühl ich, ein altes inneres Recht auf sie.

Daß auch die schöne Wachskerze bei Deinen Geschenken lag, machte sie erst recht feierlich in ihrer Vertraulichkeit; und das heißt ja wohl Weihnachten: daß beides, Feierliches und Vertrauliches, wunderbar gesteigert ineinanderreicht. Aber als ich schon meinte, mit meinem ganzen Gabentisch fertig zu sein, fiel mir aus dem Kerzenstern Dein kleiner fünfzeiliger Zuspruch zu –: und so wars Deine Stimme, Elya, die mir alles zum Schluß gesegnet hat.

An Else Hotop (Elya Maria Nevar). 26. Dezember 1918
aus München

Rosa hat mir, ohne mein Zutun, nicht nur einen Baum im Eßzimmer aufgestellt, sondern auch den ganzen Tag über alles Eintreffende, das einigermaßen weihnachtlich sich vermuten ließ, bei sich zurückgehalten, um mir am Abend die Kommode damit auszustatten. Da war denn wirklich allerhand Liebevolles zusammengekommen, Äpfel, Nüsse und Lebkuchen in den vergnügtesten Figuren, Bücher, gezeichnete und lithographierte Blätter, Taschentücher, Züricher Teeschalen, eine kleine antike Goldmünze und ein Körbchen mit Schokoladen: aber ich vergaß nicht, im entscheidenden Augenblick, den Insel-Brief dazuzustellen. Der ja auch, außer der bedeutenden Zuwendung, es nicht an guten Nachrichten fehlen ließ; daß alle meine Bücher, einschließlich des Rodin, (auf gutem Papier sogar) wieder da sein werden, ist mir herzlich erfreulich, und ich werde es feiern, die Gedichte in nicht mehr gemusterten, einfarbigen Pappbänden auftauchen zu sehen. Die Portugiesischen Sonette passen, als meine doch wohl beste Übertragung, trefflich in die Inselbücherei, und daß, wie seinerzeit diese, nun auch die neue ›Insel-Presse‹ mit einem meinigen Buch, einem schönen Neudruck des ›Stundenbuchs‹, soll eröffnet werden, ist mir ein nicht weniger fühlbares Geschenk als alles, wodurch die Insel unsere Verbindung geehrt und befestigt hat.

An Katharina Kippenberg. 29. Dezember 1918
aus München

Die Heilige Nacht feiern

Es gibt so wunderweiße Nächte,
drin alle Dinge Silber sind.
Da schimmert mancher Stern so lind,
als ob er fromme Hirten brächte
zu einem neuen Jesuskind.

Weit wie mit dichtem Demantstaube
bestreut, erscheinen Flur und Flut,
und in die Herzen, traumgemut,
steigt ein kapellenloser Glaube,
der leise seine Wunder tut.

Aus: Traumgekrönt. 1896

Erinnerst Du... unsere beiden verhaltenen Weihnachtsabende? (den in der rue de l'Abbé de l'Epée, den im römischen Studio al Ponte, die beide ja so viel weniger gültig waren, weil keiner von uns bei Ruth an der Stelle sein konnte, wo alles von selbst zu Weihnachten wird, wenn die Stunde kommt) – wie sehr haben wir damals schon gefühlt, daß wir unsere Arbeit so tief mit uns vermischen müssen, daß ihre Werktage aus sich heraus zu Festen führen, zu unseren eigentlichen Festen. Alles andere ist ja nur ein Stundenplan, wie wir ihn in der Schule gehabt haben; lauter, lauter Festgesetztes und die leeren Stellen für den Sonntag und für Weihnachten und Ostern. Leere Stellen, die man mit etwas anfüllt, was zu dem Anderen, Ausgemachten in Widerspruch steht; und so ein bißchen als Ferien, haben wir alle jene Gezeiten immer noch aufgenommen, die mit dem Kalender heraufkamen, uns zerstreuend an ihnen und das Ende immer gerne hinausschiebend, obwohl wir doch schon ein Vorgefühl hatten jener aus dem eigenen Herzen stammenden Feste, die kein Widerspruch sind zu den Wochen, die sie unmerklich herbeiführen, und keine Zerstreuung und kein Hinzögern unbestimmter Tage. Nur einmal vielleicht, seit wir zusammen sind, fiel beides in dieselbe Zeit. Du weißt wann. Am zwölften hab ich jenes unbeschreiblich Weihnachtliche so stark wieder durchlebt, das damals unser einsames Haus erfüllte und nicht aufhörte, darin zuzunehmen, so daß man hätte glauben mögen, es müsse schon weit darüber hinausreichen in die kalten Tage hinein, in die langen Adventnächte; es müsse sichtbar sein selbst für die, die ferne vorüberfahren, und alles verändert haben, so daß Menschen von weit herüberkommen und schauen. Aber niemand kam, und was da stand, war nichts als ein kleines Haus, mit einem riesigen dichten Dach überhäuft, das den Menschen alltäglich schien, von dem die Engel aber vielleicht wußten, daß es die richtigen Maße habe, die, mit denen der große Raum, der es umgab, von ihnen durchmessen wird. Es war wie der kleinste Teil jenes unendlichen Maßstabes, die Maßeinheit, die immer wieder kommt und mit der man bis ans Ende reichen kann, ohne etwas anderes hinzuzufügen als immer wieder dasselbe.

Du weißt... was mir in meiner frühen Kindheit Weihnachten war; selbst noch dann, als die Militärschule mir ein wunderloses, hartes, unbegreiflich boshaftes Leben so glaubhaft vortäuschte, daß mir keine andere neben jener unverschuldeten Wirklichkeit möglich schien; selbst dann noch war Weihnachten wirklich und war das, was mit einer Erfüllung herankam, die über alle Wünsche hinausging, und wenn es über die äußersten letzten nie noch gewünschten hinaus war, dann begann es erst recht, dann faltete es, das bisher gegangen war, Flügel aus und flog, flog, bis es nicht mehr zu sehen war und man nur noch die Richtung wußte, in dem großen fließenden Licht.

Und alles das hatte noch immer, immer noch Macht über mich. Und in jedem dieser Jahre, wenn ich für uns oder für Ruth ein Weihnachten aufbaute, so verachtete ich ein wenig mein Gebautes, weil es so weit hinter jenem Wunder zurückblieb, von dem ich wußte, daß es in meiner

Phantasie nicht willkürlich und hemmungslos gewachsen war: so groß, so unbeschreiblich war es schon immer gewesen.

Und nun saß ich am zwölften lange und dachte; dachte an die ganze tiefe Gnadenzeit, die damals durch unsere Herzen ging. Fühlte den Vorabend wieder im Wohnzimmer; den Morgen, den frühen erst, bei der Kerze, in dem das Neue anstieg, wie eine Überschwemmung Angst verbreitend und Schrecken; dann den späteren Morgen im Winterlicht mit seiner völlig neuen Ordnung, mit seiner Ungeduld, seiner bis ans Äußerste angespannten Erwartung, die an den kleinen, momentanen und greifbaren Erfüllungen zu immer stärkerer Spannung wuchs; dann dieser ganze steile Vormittag, als ob man einen Berg rasch, viel zu rasch hinanmüßte, und endlich in all dem Ungewissen, nicht Vorstellbaren, nicht Möglichen: etwas Wirkliches, eine Wirklichkeit, die in unerhörter Weise mit dem Wunderbaren verbunden, von ihm kaum zu unterscheiden war und doch wirklich. Und danach endlich, allmählich sich ausbreitend, eine Erleichterung, die erst wie jene Erleichterung aufgenommen wurde, die kommt, wenn ein Schmerz aussetzt, und doch eine ganz andere, andauernde war, wie sich später zeigte. Und nun plötzlich ein Leben, auf dem man stehen konnte; nun trug es einen und wußte von einem, während es trug. Was wäre ich ohne die Stille, die damals in mir entstand; was ohne dieses ganze Erlebnis, in dem Wirklichkeit und Wunder dasselbe geworden waren; was ohne diese Wochen der Hingabe, bei der ich zum ersten Mal nicht verlor; was ohne diese schlichten Dienste, die eine Bereitschaft in mir aufweckten, von der ich nicht wußte; was ohne diese Nachtwachen: wenn die Nacht, die Winternacht, mir kalt auf den Augen lag, die ich schloß, einen fernen Stern draußen durch das Rankenwerk der Weinlaube mit hereinziehend in dieses Schließen; wenn einfach Stille war, Stille von jener größten Stille, die ich noch nicht kannte, während vor diesem Hintergrund die kleinsten der unbegreiflich neuen Geräusche sich mit klarer Deutlichkeit abzeichneten.

Kaum je hat einer, der nicht arbeitete, mit so viel Recht und Eifer, mit so inständigem Stillhalten gewacht, wie ich damals, da, wie ich jetzt weiß, an mir gearbeitet wurde. Wie eine Pflanze, die ein Baum werden soll, ward ich damals aus dem kleinen Gefäß herausgenommen, vorsichtig, während Erde abfloß und etwas Licht zu meinen Wurzeln kam, und wurde endgültig eingesetzt an meine Stelle, dort, wo ich stehen bleiben sollte bis in mein Alter, in die große, ganze, wirkliche Erde.

Und als ich dann am zwölften weiterdachte, und dachte, daß dann Weihnachten kam, da fiel mir nur dieses Weihnachten ein, die Diele nur, die so groß und helldunkel war bis an den hellen, großen Baum heran, zu dem Du eine Weile herantratest, schnell, mit einer Unsicherheit, die wieder ganz mädchenhaft war, mädchenhafter als alles, das kleine Köpfchen an Dein schönes Gesicht haltend und mit ihm in den Glanz hinein, den Ihr beide nicht sehen konntet, jedes von seinem eigenen Leben erfüllt und von dem des anderen.

Da erst merkte ich, daß mir dieses Weihnachten noch da war und nicht wie eines, das einmal war und vergangen ist, sondern wie ein immerwährendes, ewiges Weihnachtsfest, zu dem das innere Gesicht sich hinwenden kann, sooft es seiner bedarf. Auf einmal war Freude und Seligkeit und Erwartung der anderen klein geworden dahinter; als wären das mehr meines treuen guten Vaters Weihnachten gewesen, seines besorgten, fürsorgenden Herzens eigenstes Fest. Dieses aber war meines: in seinem Helldunkel, seiner Stille und Unwiederholbarkeit...

Aus diesem allem entstand mir auch die Fähigkeit, diese Weihnachten einmal allein und doch nicht bange oder traurig zu sein.

An Clara Rilke. 19. Dezember 1906
aus Capri

Der kleine schimmernde Baum ist so recht Ruths Baum geworden; an ihm sitzt sie und spielt, und es ergibt sich, daß die neue Puppe, die sie mit ihrem eigenen Namen benannt hat, man weiß nicht woher: die Goldprinzessin heißt. Mit dem Brief aber, den Sie noch in der Weihnacht selbst mir schrieben, da schon der große Feiertag mit all seiner Stille nah am Anbruch war, ist von Ihrem feierlichen und innigen Gefühl vieles unvermindert zu mir her gekommen: auch das war wie ein ganzer Christbaum, um den hier wieder Engel kreisten, dieselben, schien mir, die ihn dort, in dem winterlichen Schloß umgeben hatten. Denn muß es nicht mit den Engeln sein wie mit den Sternen: daß dieselben über uns allen sind; über denen wenigstens, die ohne Irrtum, freudig und ernsthaft von einander wissen?

An Sidonie Nádherný von Borutin. 30. Dezember 1907
aus Oberneuland

Am 24. hab ich im Stillen an Sie gedacht, wie's verabredet war. Ich las (ganz unerwartet kams dazu) Bossuet's Totenrede auf Madame Henriette d'Angleterre, darüber wurde es spät, das Haus war still, aber man kanns nie wissen, was noch kommt. Fast schon im Einschlafen, bekam ich noch einmal Weihnachten ins Bewußtsein: in dem hohen Atelierfenster, das ich, von meinem Schlafzimmer aus, in einiger Entfernung gegenüber habe, – ging, nach und nach, das volle Sternbild eines Christbaums auf und, zusammen mit den Glocken der Mitternachtsmette, wirkte diese liebe Erscheinung unverdient herüber, bis ich sie leise in den Schlaf hineinlöste.

An Sidonie Nádherný von Borutin. 26. Dezember 1913
aus Paris

Weihnachten in Obernfelde –: das muß von einem eigenen Zauber sein, mit dem Baum im Saal und der Stille draußen, und vielleicht gabs Schnee –? Sicher, denn hier sogar fing es am 23. dicht zu schneien an, sodaß die Weihnachts-Wahrscheinlichkeit, die noch eben ganz gering gewesen war, auf den Grad jener unvergleichlichen Erwartung stieg, die diesem Fest eigentümlich ist. Wieviele einsame Erinnerungen hab ich nun schon seit Jahren an diesen Abend, den ich sehr oft in Hotelzimmern zuzubringen genötigt war, in Tunis ein Jahr, im südlichen Spanien einmal, in kleinen Hotels in Paris, später dann in meiner Wohnung dort, und nun einmal auch hier, in einer tessiner Pension, – und immer, oft im letzten Moment und malgré moi, wurde es Weihnachten, oft nur weil das Holz im Ofen knisterte und man das plötzlich so heimelig-feierlich auslegen mußte, ob man wollte oder nicht. Welche Kraft hat dieses eindringliche Fest, ich glaube, wir habens im Blut, wie ein Elementares, wie Ebbe und Flut, wie die Jahreszeiten, wie die Gestirne –, nun, es ist ja auch der Einfluß eines Sternes.

An Dorothea von Ledebur. 15. Januar 1920
aus Locarno

Weihnachten in Kriegsjahren

Vor Weihnachten 1914

1

Da kommst du nun, du altes zahmes Fest,
und willst, an mein einstiges Herz gepreßt,
getröstet sein. Ich soll dir sagen: du
bist immer noch die Seligkeit von einst
und ich bin wieder dunkles Kind und tu
die stillen Augen auf, in die du scheinst.
Gewiß, gewiß. Doch damals, da ichs war,
und du mich schön erschrecktest, wenn die Türen
aufsprangen – und dein wunderbar
nicht länger zu verhaltendes Verführen
sich stürzte über mich wie die Gefahr
reißender Freuden: damals selbst, empfand
ich damals *dich*? Um jeden Gegenstand
nach dem ich griff, war Schein von deinem Scheine,
doch plötzlich ward aus ihm und meiner Hand
ein neues Ding, das bange, fast gemeine
Ding, das besitzen heißt. Und ich erschrak.
O wie doch alles, eh ich es berührte,
so rein und leicht in meinem Anschaun lag.
Und wenn es auch zum Eigentum verführte,
noch war es keins. Noch haftete ihm nicht
mein Handeln an; mein Mißverstehn; mein Wollen
es solle etwas sein, was es nicht *war*.
Noch war es klar
und klärte mein Gesicht.

Noch fiel es nicht, noch kam es nicht ins Rollen,
noch war es nicht das Ding, das widerspricht.
Da stand ich zögernd vor dem wundervollen
Un-Eigentum.....

2

(......... Oh, daß ich nun vor dir
so stünde, Welt, so stünde, ohne Ende
anschauender. Und heb ich je die Hände
so lege nichts hinein; denn ich verlier.

Doch laß durch mich wie durch die Luft den Flug
der Vögel gehen. Laß mich, wie aus Schatten
und Wind gemischt, dem schwebenden Bezug
kühl fühlbar sein. Die Dinge, die wir hatten,

(oh sieh sie an, wie sie uns nachschaun) nie
erholen sie sich ganz. Nie nimmt sie wieder
der reine Raum. Die Schwere unsrer Glieder,
was an uns Abschied ist, kommt über sie.)

3

Auch dieses Fest laß los, mein Herz. Wo sind
Beweise, daß es dir gehört? Wie Wind
aufsteht und etwas biegt und etwas drängt,
so fängt in dir ein Fühlen an und geht

wohin? drängt was? biegt was? Und drüber übersteht,
unfühlbar, Welt. Was willst du feiern, wenn
die Festlichkeit der Engel dir entweicht?
Was willst du fühlen? Ach, dein Fühlen reicht
vom Weinenden zum Nicht-mehr-Weinenden.
Doch drüber sind, unfühlbar, Himmel leicht
von zahllos Engeln. Dir unfühlbar. Du
kennst nur den Nicht-Schmerz. Die Sekunde Ruh
zwischen zwei Schmerzen. Kennst den kleinen Schlaf
im Lager der ermüdeten Geschicke.
Oh wie dich, Herz, vom ersten Augenblicke
das Übermaß des Daseins übertraf.
Du fühltest auf. Da türmte sich vor dir
zu Fühlendes: ein Ding, zwei Dinge, vier
bereite Dinge. Schönes Lächeln stand
in einem Antlitz. Wie erkannt
sah eine Blume zu dir auf. Da flog
ein Vogel durch dich hin wie durch die Luft.
Und war dein Blick zu voll, so kam ein Duft,
und war es Dufts genug, so bog ein Ton
sich dir ans Ohr . . . Schon
wähltest du und winktest: dieses nicht.
Und dein Besitz ward sichtbar am Verzicht.
Bang wie ein Sohn ging manches von dir fort
und sah sich lange um, und sieht von dort,
wo du nicht fühlst, noch immer her. O daß
du immer wieder wehren mußt: genug,
statt: *mehr!* zu rufen, statt Bezug
in dich zu reißen, wie der Abgrund Bäche?
Schwächliches Herz. Was soll ein Herz aus Schwäche?

Heißt Herz-sein nicht Bewältigung?
Daß aus dem Tier-Kreis mir mit einem Sprung
der Steinbock auf mein Herzgebirge spränge.
Geht nicht durch mich der Sterne Schwung?
Umfaß ich nicht das weltische Gedränge?
Was bin ich hier? Was war ich jung?

Da ist nun wirklich das heilige Fest herangekommen unbeirrt durch die trübe schwere grausame Zeit, und steht vor allen Türen, und hinter vielen Türen stehen die Kinder und warten auf seine Ankunft. Etwas von Frieden lag immer in der Winterluft gegen diesen Abend zu, läge doch auch heuer dieses Unsagbare fühlbar da und überzeugte, überführte, überwältigte die erregten heftigen Menschen, die den Tod in die Hand genommen haben und das Unheil wider einander gebrauchen. Der geistige Rufer ist machtlos, fast wie der Herr den Hund nicht mehr in seiner Macht hat, der sich in andere Hunde verbissen hat: die Kirche ist machtlos; Christus selbst kann nichts wider diese Völker –, und doch ist eine Macht über der Welt, die auch *das* umfaßt, was jetzt geschieht und es geschehen *läßt*, weil die ganze Geschichte des Menschen erfüllt ist von einem gewaltigen Geschehenlassen; was hülfe es dem Menschen, wenn Gott ihn aufhielte und ihn an sich zum Stehen brächte; der Mensch soll merken daß, wie weit ers auch treibt, er an keine Grenze Gottes kommt, wohl aber an sein eigenes Ende.

Man fragt sich, kann es heuer eine Weihnacht geben, wo fast allen Häusern Männer, Väter und Söhne entrissen sind, wo in vielen die Gewißheit, in allen die Drohung herrscht, daß sie nicht wieder zurückkehren? Aber Weihnachten ist das innerste Fest und wenn das Haus nicht feierlich genug ist, dann verflüchtigt es nicht, dann schlägt es vielleicht einwärts und sucht sich den innersten Innenraum, in dem auch die Trauer festlich werden kann: das geschütztere Herz. So mein ich, wenn's die Häuser nicht leisten können, die Herzen werden das alte Fest aufbringen in der Winternacht, innen wird es begangen und erhoben und verherrlicht sein, und es ist ja nur ein Fortschritt für alle Feste, wenn sie der äußeren Zurüstung entrückt, im Unsichtbaren sich verwirklichen. ‹...›

Mein Fest ist schon die letzten Jahre längst so nach Innen verlegt gewesen, und ich glaube, selbst, wenn ich in München geblieben wäre, ich hätte den Abend allein in meiner Stube verbracht als eine Feier der Versenkung, der Herznachdenklichkeit, der Erinnerung. Denn ich bin darauf angelegt, von Kindheit an, ein Einzelner zu sein und keine Familie zu haben und kein Familienfest, – sondern nur ganz weite Zusammenhänge in der ganzen Welt, bin bestimmt, nicht in die Nähe zu fühlen, sondern in die Weite, *das* erst gibt meinem Gefühl seine ganze Macht, Tiefe und Wahrheit.

An die Mutter. Weihnachten 1914
aus Berlin

Möge ‹das heilige Christkind› auch zu Dir, und vor allem zu Dir, tröstlich hell, mit seinem lautersten Segen kommen, liebe Mama, Dich beschenkend: womit?: mit der innigen Gewißheit, daß, wie die Zeiten und Unzeiten sich auch gebärden, das geschützte, das heimliche Herz ein Schauplatz und eine Insel Gottes ist, eine Niederlassung der Himmel, in der Friede sein kann, Hoffnung und heilige Freude, wenn auch die ganze Welt unter Schicksal und Zerstörung steht! Denn wie sehr unser innerstes Wesen auch Mit-Leiden ist mit dem zeitlichen Leidwesen, und Sorge von der unübersehlichen Sorgenmasse, die auf alle Völker ist herabgestürzt und abgeladen worden, und schließlich bedroht sogar von dem jeden Augenblick möglichen Untergang –: so ist doch sein eigentlichstes Erlebnis nicht dieses Zugemutete und Zugemessene, nicht diese heutige und morgige Not, nicht die Bestürzung und Trübnis und Überschüttung, ja nicht einmal das eigene Untergehen – –, sondern: Gott. Sondern Gott ist das einzige Erlebnis unseres Wesens in seinem Kerne, in seiner Einheit und Innigkeit; wo wir wirklich erleben, vermögen wir nichts anderes als ihn, den Ansatz und Anlauf zu ihm, denn daß er sich in uns nicht vollzieht und begreift, sondern nur eben anschlägt, das soll uns an seiner Gegenwart nicht irre machen. So stark ist er, daß selbst die stärkste Heimsuchung keine Kraft hat vor ihm; und in der Ahnung schon, in jedem Vorgefühl seines Angesichts ist unser Elend und aller Tod in der Welt überwogen und aufgehoben. Dies soll der Weihnachtsstunde Glanz und Weihe sein, daß wir die Schuldlosigkeit Gottes zugeben im Bilde des menschlichen Kindes: so wie dieses hereingerät in die Mutter und in den blutlichen Bezug und sich muß gebären lassen in ein vertrauliches Fremdes hinein, so kommt Gott, inwissend, in unserem Geiste zur Welt und wird verstrickt und verbildet darin und hineingeschlossen wie das Kind in seine unsägliche Kindheit. Wenn aber das irdische Kind abgeht von sich und sich selber ausgeredet wird, und zögernd oft nur ein Zehntel seines Wachstums erreicht unter den Menschen –, nicht so das Kind Gott, das in unserem Geiste wahr und gewaltig ist und sein vollkommenes Leben hat über unseren Geist hinaus, aber immer wieder geboren in ihm, immer wieder sich rührend in ihm, in ihm seine ersten Schritte versuchend.

An die Mutter. 19. Dezember 1915
aus Wien

Als ich Dir vor einem Jahr, von Wien aus, meinen Weihnachtsbrief sandte, da dachte ich unwillkürlich, die nächsten Weihnachten würde, *müßte* die Welt wieder im Heilen sein. Sie ist es nicht, und wenn das Bewußtsein ihres unaufhörlichen Wund- und Geschlagenseins über jedem Tag liegt, über jeder Nacht, wic sehr erst erfüllt und erschwert es das Erlebnis gerade dieses, des Heiligen Abends, des Abends, an dem zu Erden das Heil geboren wurde, das mißkannte, mißhandelte, geopferte Heil der Welt. Voriges Jahr gab es keinen in der Victorgasse, und ich weiß nicht, ob ich heuer den Glanz eines Christbaumes ertrüge, ja ob nicht das mindeste Geschenk zum Gewicht würde in meiner Hand. Es ist so viel Schwere in der Luft, daß sie in jeden Gegenstand schlägt, den man zu fassen und zu halten genötigt ist –, und das Scheinen und Flackern jedes Lichts, weit entfernt ein Schimmer zu sein, nimmt die Bedeutung der namenlosen Unsicherheit an, in der wir leben. Wer hat das Herz, eine Feier aus sich aufzubringen, wer wird die Kraft haben zum Weihnachtslied anzusetzen? Wer wird knieen dürfen und nichts als feierlich sein? Neben dem Feiern ist in jedem das stumpfe Trauern, und die Stimme, die das Weihnachtslied zu heben hat, hat an der Klage vorbeizugehen. Und das Knieen, das Erhebung bedeutet, ist dasselbe Knieen, das Unterwerfung ausdrückt unter den Druck eines den ganzen Raum ausfüllenden Schicksals. Und doch, liebe Mama, indem uns noch einmal zugemutet wird, in so schwer verhängter Welt das heilige Fest hinzunehmen, wird die Probe an uns gerichtet ob wir über uns hinaus zu feiern verstehen. Denn nicht *uns* feiern wir in diesem heilhaft geborenen Kind, sondern die Kräfte des höheren Geistes. Auch nicht seine Wendung zu uns, denn wir haben sie verschmäht und verleugnet und haben ihn nicht zur Einkehr zugelassen. Den Geist selbst, seine lautere Verwandlung in ein sichtbares Kind, seine Einsamkeit und Unschuld, sein Bei-uns-in-Gefahrsein beten wir an und begehen es im erhobenen Gemüt. Wir haben nichts gemein mit diesem göttlichen Kinde, als daß wirs grade noch wahrnehmen, wie die Könige und die erstaunten Hirten den Stern wahrnehmen, der über seiner Ankunft in den Himmeln ging. Dieses Kind in seiner unübertrefflichen Armut ist für uns die äußerste Stelle der Welt, das Ende unseres Augenlichts, das Fernste unseres Herzens: darum ist es so klein, ist ein Kind aus Entfernung, und wächst uns nicht auf als am Kreuze, das mitten in unserem Herzen steht. Und doch vielleicht befestigt der Zwang ein solches Fest in solcher Zeit zu feiern (das Fest der Unschuld mitten in einer Welt verstricktester Verschuldung) vielleicht bestärkt diese Not in uns den Entschluß, nie das Unsere zu preisen, sondern an den Weiten unseres Wesens uns zu heiligen. Und so sehr ich mich unfähig fühle, Weihnachten in meiner Stube anzurichten, saß ich in der Mitternachtsmette oben an der Orgel, ich stimmte gleichwohl den stärksten Psalm an und priese die unerschöpfliche Weihnacht.

An die Mutter. Vor Weihnachten 1916
aus München

Es gibt ‹…› nur die Tröstung, daß das Schwierigste nun sicher überstanden ist, daß wir dieses Weihnachtsfest, zwar noch in Besorgnis und Not, doch umso vieles zuversichtlicher und erleichterter feiern dürfen, als die drei vorher, da diesmal wirklich das Wort Frieden über einem Teil der Welt aufgegangen ist, im Osten wie ein Gestirn, man darf annehmen, daß es bald weiter steigen und nächstens allen bösen Willen und Unwillen überstrahlen wird. ‹…›

Heute wollen wir uns finden im Bewußtsein des herzlichen Heilands, der den Menschen immer wieder zur Welt geboren wird, um ihnen immer wieder die Möglichkeit einer tiefen Verjüngung und Geburt mitten im abgestorbenen Winter anzubieten. Laß uns friedliche und zuversichtliche Gedanken fassen, liebe Mama, und alles Eingestürzte und Verfallene in uns erfahre seine reinste Erbauung im Glauben an ein Heil, nach dem wir namenlos verlangen und nach welchem vielleicht alle Menschen entschlossener und leidenschaftlicher greifen werden, wenn das Unheil und die Heimsuchung dieser Schreckensjahre zu Ende geht.

An die Mutter. 19. Dezember 1917
aus München

Ich werde allein und ruhig in meiner Stube feiern, werde die Bibel aufschlagen und den Frieden feiern, der uns endlich gegeben ist, wenn auch nicht so rein und in einem Zuge atembar, wie wir ihn manchmal erhofft haben. Aber es war vielleicht kindisch anzunehmen, daß ein so vielfältiger Zustand von Zerstörung und Wirrsal von einem Tag zum anderen in einen lauteren, in ein reines durchsichtiges Gegenteil könne verwandelt werden. Wie der Krieg von seinem zweiten dritten Tag an ein Trübes war, so ist zunächst auch der Nicht-mehr-Krieg ein Unklares und Mißfarbiges, denn das Gegenteil von so Häßlichem und Bösem kann auch wieder nur ein Zweideutiges und Unreines sein. Erst wenn eine gründlich heimgesuchte Menschheit, außerhalb von Beidem einen Boden findet, auf dem sich, ohne es noch zu wissen und zu wollen einer neben dem anderen finden wird, wird der neue Anfang, wird die Erleichterung, wird die reinere Zukunft (Gott lasse uns ihren ersten Anfang noch erleben!) möglich sein! Zunächst sind wir aus einer anstehenden und stumpfen Sorge, die in vier unbewegten Jahren dicht und massig geworden war, in eine schwankende und widerspruchsvolle Besorgnis gestürzt, die umso verwirrender ist, als wir auf die unmittelbarste Entlastung meinten hoffen zu dürfen. Es wird sicher arge Jahre geben, die Prüfung der Völker hört nicht auf, ja man könnte versichern, daß sie jetzt erst recht eigentlich einsetze; bisher war ihnen ja nur ein Diktat aufgegeben, jetzt aber stehen sie, steht jeder Einzelne vor Fragen und soll antworten, soll verantworten –, und wehe dem, der jetzt unvorbereitet und unrein ist: er wird ohne Ende verworfen sein.

Wenn wir, liebe Mama, dieses Weihnachten mit den vier letzten vergleichen, so scheint es mir doch unsagbar viel hoffnungsvoller. So sehr die Meinungen und Bestrebungen auseinandergehen –, sie sind frei geworden, und wäre die Müdigkeit, die einfach schwere Erschöpfung nicht so aufs Äußerste getrieben, so würde man dem Willen gewähren, der in Millionen Herzen steht, wie Wintergetreide, auf das erst noch der Schnee fallen soll; zwar sind wir noch vom sichtbaren Wachstum durch Zeiten augenscheinlicher Not und Kälte getrennt, aber was später in Halmen stehen wird, einmal, in der nächsten besseren Jahreszeit der Menschen, das wird lauter guter Wille sein!

An die Mutter. 2. Advent 1918
aus München

Zwar sollte man aufatmen dürfen. Wer hätte nicht dazu angesetzt, nach den entsetzlichen Jahren. Aber nun erweist es sich, daß man aus dem Argen nur über das Ärgste hinüber zur Erleichterung kommt, die Heilung der Welt wird lange Zeit brauchen und die ersten Anfänge ihrer Konvaleszenz sind noch mit allen Symptomen jenes tötlichen Leidens behaftet, in das Blindheit, Eigensinn und falscher Wagemut sie gestürzt haben.

An die Mutter. 14. Dezember 1919
aus Locarno

Wenn Rosen zur Weihnacht blühen

Nach vielen langen Regentagen mit schweren, fallenden Himmeln hebt hier eine Art von Frühling an; Duft kommt aus den Büschen, und die Lorbeerbäume, die der Mittag erwärmt, riechen nach ersten Sommertagen. Es gibt Sträucher, an denen die langen Kätzchen hängen, und andere Sträucher, die morgen blühen werden, wenn die Nacht so sanft ist wie diese letzten Nächte, die im wachsenden Monde langsam und milde vergangen sind. Und dabei ist Weihnacht nah; die Leute sagen es wenigstens, und kommt man abends in die überhellen Straßen der Stadt, so ist das Gedränge groß, und die Schaufenster schimmern. Hier aber in dem großen Garten, in dem wir wohnen, wird nicht Weihnacht sein; ein Tag wird kommen, hell und strahlend, und wird vergehen, und ein Frühlingsabend wird sein, ein Abend mit fernen dämmernden Himmeln, aus denen plötzlich alle Sterne brechen, alle die vielen Sterne, die über südlichen Gärten leben.

Für uns aber wird dieser Abend nur eine stille Stunde sein, nichts mehr; wir werden in dem entlegenen kleinen Gartenhaus sitzen und an jene denken, die Weihnacht haben; an unsere kleine liebe Ruth und an uns, als ob wir selbst noch irgendwo die Kinder wären, die wir einmal waren, – die wartenden, frohbangen Weihnachtskinder, auf die die großen Überraschungen zukommen wie Engel aus Innen und Außen; wie Kinder, die das Dunkel jener Abende, die dem einen Abend vorangingen, fürchteten und liebten; die fühlten, wie klein in jenen Dezembertagen, die das Fest vorbereiteten, der Kreis der Lampe war und wie immer geheimnisvoller die Stube ringsum sich verlor, so daß man gar nicht sagen konnte, wo ihre Wände waren und ob man nicht an einem runden Tische mitten im Walde saß... Bis dann alles Dunkel sich in Glanz verwandelte, so daß man auch die geringsten Dinge glänzen sah.

Aber damit alles dies geschehen konnte, mußten große Winde gewesen sein, lange Nächte, in denen der Sturm alles war, mußte man überstanden haben, – Nächte und Tage, die verhangen waren, halbhell und schwach, wie ein Verzögern des Morgens nur, bis an den frühen Abend hin, alles, bis zu jenem großen stillen Schneefall, der fiel und fiel und machte, daß die Welt sich leiser bewegte, der Tag geräuschloser lief und Nacht heimlicher kam – –

Aber da wir so nördlicher Dinge gedenken, die mit unserem Kindsein sehr verflochten sind, sind wir Ihnen, meine liebe Freundin, mit dem Herzen nah: wir stellen uns das kleine Haus vor, in dem Sie jetzt wohnen und schreiben, bei der Lampe an einem schönen Buche schreiben, das wir einmal lesen werden; und stellen uns vor, daß es tief und allein im großen Winter liegt, Ihr kleines Haus, in dem die lieben ererbten Möbel und die gewohnten Dinge freundlich stehen, und daß es eine echte, wirkliche Weihnacht haben wird.

An Ellen Key. 22. Dezember 1903
aus Rom

Das weiß ich, daß Sie Weihnachten feiern werden, ähnlich wie ich, ziemlich allein oder sehr allein (wie man es an diesem Abend mit einer ganz besonderen Nuance sein kann), mehr in sich hinein als aus sich heraus, nicht eigentlich als Feier, sondern als eine Art von Festbereitschaft, in der man wünscht, *andere* möchten Grund und Fähigkeit zu feiern in sich finden, und zittert, ob es ihnen gelingen werde. Sie sind ja stark genug und frei genug, auch den ein wenig unerwartet eintretenden Sentiments gegenüber, um trotzdem nicht traurig und resigniert zu sein, wie die Menschen es früher mit ein wenig schmerzlicher Nachgiebigkeit so gerne waren, und Sie haben gerade in Ihrer Natur Kraftquellen und Quellen großer instinktiver Lebensfreudigkeit, die Sie oft anderen zugewendet haben, deren ganze Stärke und Klarheit schließlich aber doch (und ich meine zu fühlen) von Jahr zu Jahr mehr in Ihr eigenes Dasein eingehen wird, es mit großer, voller Bewegung erfüllend. Im Aussprechen dieser Empfindung mögen Sie die Wünsche erkennen, die ich Ihnen, liebe Freundin, zum Feste und zum Jahreseingang zudenke und die so wenig allgemein und unpersönlich sind, daß ich sie nur so, in Form dieser nahen und herzlichen Einsicht, bewältigen konnte.

Ich werde meine Lieben in ein paar guten, einfachen Gedanken, über alle Ferne hin, zusammenzufassen versuchen, nicht anders, wie ich es so oft tue, und im übrigen wenig weihnachtlich sein, wozu dieser fröstlige Süden auf die natürlichste Weise verhilft. Sie haben keine Vorstellung, was die Winde hier aufführen an Wehen und Gegenwehen und wie kalt es hier sein kann. Man glaubt, die eigenen Augen lügen einem Rosen und Orangen vor, und wenn man ab und zu die Hand vor die Augen hält, um die lange Lügenkette zu unterbrechen, die sie da fortfahren in den Sturm hinauszuprojizieren, so merkt man erst, wie kalt diese Hand ist. – Aber die gütige Gastfreundschaft tut alles, um Rosen und Orangen, wenigstens in den Interieurs des Hauses und der Stimmung, dennoch glaubhaft zu machen: mein »Rosenhäusl« ist wirklich eine Welt für sich, und ich habe auch Recht und Freiheit, diese Welt so isoliert auszugestalten, wie ich es jetzt, in meiner großen Sehnsucht nach langer Einsamkeit, so sehr nötig habe...

An Lili Kanitz-Menar. 18. Dezember 1906
aus Capri

Man glaubt hier so wenig an Weihnachten wenn man die Rosen blühen sieht, die Orangen reifen fühlt und (wenn ein stiller Tag kommt zwischen zwei Sturmtagen) auch den Duft von alledem deutlich um sich hat, den der kleinen weißen Narzissen, der weißen Geranien, der hundert und hundert Rosen, die immerfort im Aufgehen sind. Meine gütige Gastfreundin feiert, so oft sie hier ist, ihr Weihnachten, indem sie etwa 50 arme Kinder einlädt und beschenkt.

Im Studio wird dann (es gibt ja keine Tannenbäume) eine Pinie mit Rosen (frischen Rosen) und Lichtern geschmückt und die Dienerschaft übt Weihnachtsgesänge ein. ‹...›

Schön ist es hier die Dudelsackpfeifer zu hören, die um die Weihnachtszeit im ganzen Ort herumgehen und vor den Madonnenbildern stehen bleiben und vor den kleinen Kapellen und spielen, alte uralte Lieder zu Ehren des Jesukindes. Da ist etwas Weihnachtliches, an das man sich halten kann.

An die Mutter. 19. Dezember 1906
aus Capri

Nur ein paar Worte, Dir zu sagen, daß ich gestern, während die andern in der Kirche waren, eine sehr stille Stunde hatte vor meines guten Vaters Bild und dann vor Eurem lieben Bilde, aus dem heraus Ihr mich beide so groß und nah anschauen könnt. Ich las Deinen Brief langsam, blätterte schließlich im neuen B. d. B. und las darin, was ich auch noch später abends fortsetzen konnte, da ich schon etwas nach neun wieder in meinem kleinen Hause war. – Drüben im Studio brannte eine riesige, mit Lamettasträhnen und frischen Rosen geschmückte Pinie zu der Bescherung erst von etwa vierzig capreser Kindern, dann der Mädchen und schließlich über unseren kleinen Tischchen; auf meinem fanden sich freundlich gebundene Schreibbücher, ein silberner mit Namen gravierter Taschenbleistift und -federhalter und Kleinigkeiten.

An Clara Rilke. 25. Dezember 1906
aus Capri

Gerade um Weihnachten, wie war es dann still und doch in jedem Stille-Atom bewohnt draußen im »Studio al Ponte«, dem äußersten kleinen Haus im Park der Villa Strohl-Fern, das meine einsame Wohnung war. Wie war man zuhause wenn es gleichmäßig regnete; welchen Eindruck machte es einem, abends den Mond im Fenster zu haben über den hohen fremden Bäumen; wie war alles, was unheimlich hätte sein können, rätselhaft gutgesinnt und vertraut, bis zur Einsamkeit, bis zum unbekannten Geräusch, bis zu der Eule Schrei, die aus den Feldern herüberflog, wie um zu fühlen, ob die Nacht schon weich genug für sie sei. – Und doch, war man etwa draußen und hatte sich verspätet, wie erschrak man, den Großen Bär plötzlich so anders in den Himmel gestellt zu sehen, als versperrte er ihn. Wie vergangen und alt umstand die Luft irgend einen zu kolossalen Umriß; wie trat etwas Unbegreifliches, das mit sich allein sein wollte, einem in den Weg, als hätte man nun nur die Wahl, eine pure Seele zu sein, die alles übersteht, oder ein Tier, das es nicht faßt.

Aber nun ist Weihnachten, und die Schrecknisse und Befremdungen sind weit von Ihrer kleinen Stadtwohnung. Ich wußte es nicht, daß Sie sich so eingerichtet haben und wirkliches Haus halten: aber, wie wird es Ihnen Freude machen, gerade jetzt. Wie still wird es sein und feierlich; und alle Feierlichkeit, die entsteht, gehört ganz Ihnen und dem lieben brüderlichen Gast, mit dem Sie sie teilen.

Und dann läuten früh (ich glaube es war zeitig im Aufdämmern des Weihnachtstags) die Glocken, Roms Glokken, die ewigen Glocken Rom's und übertönen einem das ganze, plötzlich erwachte Herz –.

An Sidonie Nádherný von Borutin. 19. Dezember 1909
aus Paris

In den Souks kommt manchmal so ein Augenblick, da man sich Weihnachten vorstellen kann: die kleinen Nischen hängen so voll bunter Sachen, die Stoffe sind so reichlich und überraschend, das Gold glänzt so versprechend auf, als sollte man es morgen geschenkt bekommen, und wenn dann abends dem allem gegenüber eine einzige Laterne brennt und sich bewegt, aufgeregt gleichsam von der Gegenwart alles dessen, mit dem ihr Licht sich einläßt, dann geht Tausendundeine Nacht in alles über, was in einem je Erwartung, Wunsch und Spannung war, und Weihnachten ist gar nicht so undenkbar. Aber selbst am Morgen ist es immer wieder mein Staunen, was die Sonne leistet, die durch die löcherig eingedeckten Souks hereinreicht, wie sie, da und dort einfallend, ein Grün durchsichtig, ein Rot heiß, ein Mauve unendlich hingebend macht, – heute ging man in einer Versteigerung von Gebbas und Gandourahs wie zwischen lauter Edelsteinen herum, man ging auf so einen Stoff zu und einfach hinein, in sein klares Grün, durch sein Lila durch, oder einfach weiter in einem Gelb, das immer noch vor einem war, ohne Grund, wie eine strahlende Klarheit im Himmel. – In dem Souk der Parfümeure haben wir schon einen Freund; wenn man ihm die Hand reicht, reichts für den ganzen Tag, und in der Nacht wacht man davon auf, daß einem die eigenen Finger wunderbar vergeistigt vorkommen. Ich verlangte Geraniumessenz bei ihm (die oft für Rosenwasser verkauft wird), daß ich *die* verlangte und nicht Rosenöl, gefiel ihm, er weihte mich ein, und so kam es zu unserer Freundschaft. ... Wir haben vor, in einer kleinen Kirche, die früher Moschee war, der Mitternachtsmesse beizuwohnen, wenn wir nicht zu müde sind. In jedem Fall ist des kleinen Mädchens Weihnachten, das Deins ist, auch das meinige, möge es voll Freude und hellem Segen über Ruths Herzen sein. Ein gutes Fest für Euch beide...

An Clara Rilke. 17. Dezember 1910
aus Tunis

Ich denke viel daran, wie es voriges Jahr um diese Zeit in Tunis war, eines der merkwürdigsten Weihnachten wohl, die ich je verbracht habe, mit dieser im letzten Moment gekauften und geputzten Pinie, die dann doch soviel Fest ausstrahlte, ganz grau war sie in dem vielen Licht, das von ihr ausging, und der Spiegel, vor dem sie stand, faßte sie so im Ganzen mit dem Zimmer zusammen zu einer feinen lichtnebligen Atmosphäre und spielte jede Bewegung des Schimmers in den Raum hinein. Und man war fast erstaunt, am nächsten Morgen, draußen immer noch dieses fremde orientalische Land zu finden, das gar nichts von Weihnachten wußte und nichts davon annahm; höchstens die kleine alte katholische Kirche mitten im arabischen Viertel versteckt in einem Häuserhof gelegen, wußte es, feierte und sang mit ihrem ganzen alten Halbdunkel, das etwas von der Heimlichkeit der Catakomben mit sich brachte. –

An die Mutter. 21. Dezember 1911
aus Duino

Heilige Drei Könige

Seit ich vor Jahren einmal, in meinem spanischen Winter, dort den Drei-Königs-Tag mitfeiern durfte, wo Weihnachten fast unbeachtet – mit Ausnahme der messe de minuit – vorübergeht, während dieses heutige Fest den eigentlichen Bescherungsabend bringt, mit allen seinen schimmernden Überraschungen –, mag ich den Tag nie ganz ohne eine feierlichere Betonung lassen ‹…›

Ob Ihr Weihnachtsbaum noch steht, im Fond des Salons? – »Drei-König«: das war der äußerste Termin, einst in der Kindheit, den man für seinen Bestand sich ausbitten durfte!

An Margot Sizzo. 6. Januar 1922
aus Muzot

Die Heiligen Drei Könige

Legende

Einst als am Saum der Wüsten sich
auftat die Hand des Herrn
wie eine Frucht, die sommerlich
verkündet ihren Kern,
da war ein Wunder: Fern
erkannten und begrüßten sich
drei Könige und ein Stern.

Drei Könige von Unterwegs
und der Stern Überall,
die zogen alle (überlegs!)
so rechts ein Rex und links ein Rex
zu einem stillen Stall.

Was brachten die nicht alles mit
zum Stall von Bethlehem!
Weithin erklirrte jeder Schritt,
und der auf einem Rappen ritt,
saß samten und bequem.
Und der zu seiner Rechten ging,
der war ein goldner Mann,
und der zu seiner Linken fing
mit Schwung und Schwing
und Klang und Kling
aus einem runden Silberding,

das wiegend und in Ringen hing,
ganz blau zu rauchen an.
Da lachte der Stern Überall
so seltsam über sie,
und lief voraus und stand am Stall
und sagte zu Marie:

Da bring ich eine Wanderschaft
aus vieler Fremde her.
Drei Könige mit *magenkraft**,
von Gold und Topas schwer
und dunkel, tumb und heidenhaft, –
erschrick mir nicht zu sehr.
Sie haben alle drei zuhaus
zwölf Töchter, keinen Sohn,
so bitten sie sich deinen aus
als Sonne ihres Himmelblaus
und Trost für ihren Thron.
Doch mußt du nicht gleich glauben: bloß
ein Funkelfürst und Heidenscheich
sei deines Sohnes Los.
Bedenk, der Weg ist groß.
Sie wandern lange, Hirten gleich,
inzwischen fällt ihr reifes Reich
weiß Gott wem in den Schoß.
Und während hier, wie Westwind warm,
der Ochs ihr Ohr umschnaubt,
sind sie vielleicht schon alle arm
und so wie ohne Haupt.

* mittelhochdeutsch: ›Macht‹ ‹RMR.›

Drum mach mit deinem Lächeln licht
die Wirrnis, die sie sind,
und wende du dein Angesicht
nach Aufgang und dein Kind;
dort liegt in blauen Linien,
was jeder dir verließ:
Smaragda und Rubinien
und die Tale von Türkis.

Aus: Das Buch der Bilder.
Des zweiten Buches erster Teil. 1899

Nachwort

Rilke war ein großer Verkünder der Freude. Seit seinen Kindertagen war das Weihnachtsfest für ihn das höchste und geheimnisvollste Fest des Jahres, dessen große Erwartungsfreude er immer wieder in Briefen und in Gesprächen mit Freunden wachrufen konnte.

Er verstand es, diese Freude auch an andere weiterzugeben. Das »schöne und helle Fest«, wie er es nannte, verband ihn lebenslang, vor allem durch die Briefe, die ›Weihnachtsbriefe‹, mit seiner Mutter Phia Rilke. Diese schönen Briefe spiegeln all den Zauber der Weihnachtszeit mit ihrer Vorfreude und Erfüllung wider, die Rilke als Kind so intensiv erlebte, daß nichts davon je verlorenging. Besonders die Adventszeit, die mit vielerlei Vorbereitungen für das Fest, mit all den Heimlichkeiten im Schein der sich vermehrenden Kerzen, voller Erwartung ist, blieb für ihn eine Zeit, in der alles einem Höhepunkt zutreibt, dem der Heiligen Nacht. Herz und Gefühl des Kindes René wurden von diesem Fest so überwältigt, daß der Vorrat an der Freude, die es auslöste, für viele Jahre vorhielt.

Später liebte Rilke es, die Weihnachtsnacht allein, in der Stille seiner Arbeitsstube zu feiern. Er versuchte an die ihm lieben Menschen zu denken, um ihnen nahe zu sein. Die tiefe gedankliche Verbundenheit in der Heiligen Nacht mit den fernen Freunden und der Mutter in Prag wurde für ihn zum Ritual wie der nächtliche Gang zur Mitternachtsmette unter dem Geläut der Glocken.

Die früheste *dichterische* Äußerung Rilkes über das Weihnachtsfest finden wir in einer Erzählung aus dem Jahr 1893: »Das Christkind«. Rilke war damals 18 Jahre alt, lebte in Prag bei seiner Tante Gabriele von Kutschera und holte mit viel Elan Gymnasialjahre nach, die ihn zum Abitur führten. – »Das Christkind« ist eine mit Sentiment und sozialem Pathos erzählte Geschichte. Sie wurde 1897 in dem Novellenband »Am Leben hin« im Bonz-Verlag veröffentlicht.

Nur wenige Gedichte Rilkes, alle *vor* 1915 geschrieben, haben das Weihnachtsfest zum Thema. Die beiden frühesten Gedichte, die ich in diese Sammlung aufgenommen habe, sind das von 1893, »Weihnachten«, und das von 1897, das dem kleinen Gedichtband *Advent* als Motto vorangestellt war. 1901 schenkte Rilke seiner Frau Clara das innige Weihnachtsgedicht, das als Motto meine Sammlung einleitet: »Weihnachten ist der stillste Tag im Jahr«. Es war ein Geschenk zum ersten Weihnachtsfest mit der kleinen Tochter Ruth, die am 12. Dezember 1901 zur Welt gekommen war. ›Stille‹, wie Rilke sie verstand, ist mit Innehalten verbunden und Selbstbesinnung, damit nichts von den Wundern, die uns im Laufe eines Jahres geschenkt werden, verlorengeht.

Zur Weihnacht 1908 trug Rilke seiner Briefpartnerin und Freundin Sidonie Nádherný von Borutin, die krank im Spital lag, in ein Exemplar der *Neuen Gedichte anderer Teil* ein Gedicht der Mechthild von Magdeburg (um 1210 bis 1282) über die Geburt Christi ein, das den Titel trägt: »Wie das Kind gesehen ward«. Ich habe dieses Gedicht aus den Offenbarungen der Mechthild in die Rilkeschen Weihnachtsehrungen eingereiht, weil es ihm geeignet erschien, die Freundin über den ›harten‹ Ton seiner *Neuen Gedichte anderer Teil* zu trösten, Freude in ihr auszulösen.

Auch zwei große Gedichte aus dem Gedichtkreis *Das Marien-Leben* von 1912 finden sich in diesem Weihnachtslesebuch: »Verkündigung über den Hirten« und »Geburt Christi«.

Aus den ersten Dezembertagen 1914 stammt das letzte Weihnachtsgedicht Rilkes. Es sind ernste, ja elegische Verse, Klagen, die mit hohem Einsatz anheben:

> Da kommst du nun, du altes zahmes Fest
> und willst, an mein einstiges Herz gepreßt,
> getröstet sein. ‹...›

und in Trauer enden:

> Auch dieses Fest laß los, mein Herz. Wo sind
> Beweise, daß es dir gehört.

Alles, was »Vor Weihnachten 1914« war, ist für Rilke seit dem Beginn des Krieges zusammengestürzt. Alles ist verwandelt. Schein und Trug regieren die aus den Fugen geratene Welt. Der heillose Krieg hat auch die Dinge verändert. Sie gehören niemandem mehr.

Unter den Briefen, die neben denen an die Mutter hier versammelt sind, finden sich auch zwei, bisher unveröffentlichte, an die Tochter Ruth, die bei der Großmutter Johanna Westhoff in Oberneuland bei Bremen aufwuchs. Außer den beiden Briefen an sie sind so *rein* auf das Fest bezogen nur die sechsundzwanzig Briefe, die Rilke zwischen 1900 und 1925 an seine Mutter Phia schrieb. Sie sind ungekürzt und vollständig erschienen im Insel-Bücherei-Band Nummer 1153: *Weihnachtsbriefe an die Mut-*

ter. In diese Sammlung hier habe ich nur Auszüge aus ihnen aufgenommen. Die Grüße an Freunde mit weihnachtlichen Erinnerungen sind immer auch voller Gegenwart, voller Probleme, die Rilke mit dem Weihnachtlichen zu verknüpfen wußte. Auch sie erscheinen hier lediglich in Auszügen.

Es war die Festesfreude, die Rilke in diesen durchweg schönen Weihnachtsbriefen vor allem rühmte. So kommt es, daß er den an die Mutter zum 24. Dezember 1923 geschriebenen Brief in einer Abschrift auch der Freundin und Mäzenin Nanny Wunderly-Volkart zusandte. Er erklärt dies mit folgenden Worten:

»Vor einigen Tagen schrieb ich den jährlichen Weihnachtsbrief an meine arme Mutter; Sie wissen, er entspricht einer alten Verabredung zu unserer Sechs-Uhr-Stunde des Vierundzwanzigsten; ich versuche dann jedesmal *so* zu ihr zu sprechen, wie es für ihr Gemüt tröstlich und teilnehmend sein möchte, und doch auch so, daß mir, über dieser Zusprache, redlich zu Mute sei. Ja, es war sogar immer mein Versuch und Wunsch, diesen Anlaß, damit er nicht allein wahr, sondern auch feierlich gesteigert erscheine, zu einem Mittel meiner eigenen Erhebung auszugestalten. Es war diesmal besonders schwer, da es galt, der verlassenen alten Frau, die beiden Bücher ‹*Die Sonette an Orpheus* und die *Duineser Elegien*›, von denen sie schon durch Zeitungsnotizen mochte erfahren haben und, die zu empfangen, sie gewiß im Stillen erwartet…, ihr diese beiden fremdartigen Bücher doch einigermaßen, mittels irgend einer Anleitung, in die zitternden Hände zu legen. Ich wußte, wie ich das tun würde, erst als sich der Brief vor meinen Augen aus der Feder niederschlug, unter einem einzigen Diktat, an dem nicht eine Sylbe zu ändern oder zu ergänzen blieb. Als ich aber diese rasch geschriebenen vier Seiten las, da mochte ich sie nicht so hinausgehen lassen. Auf einmal kam mir vor, daß sie Ihnen, Liebe, *mit*-gehörten. Hatte ich Unrecht? Niemand hat in meinem Leben so unbeirrt die Tradition jener großen Erfreuung fortgesetzt und gepflegt, zu der ich an der Tür des Weihnachtszimmers war erzogen worden; niemand, Nike, seit ich lebe, hat so wie Sie meinen Wunsch zur Freude erkannt und geehrt, ja geehrt – ich kann es nicht anders sagen –, *Sie* haben gewußt, daß das weiterführe, mir Freude zu machen: und so bin ich weitergekommen dabei, über ein glarner Tüchlein und über Paris, über Schloß Berg und über ein kleines Wort von Ihnen, zur rechten Zeit zugeworfen, über Großes und Kleines, das gleich groß ist in der liebenden Befreundung;

weitergekommen, durch Freude, Chère,

voilà.«

Hella Sieber-Rilke

Textnachweise

Die Texte folgen den Ausgaben:

– *Sämtliche Werke*. Hg. vom Rilke-Archiv. In Verbindung mit Ruth Sieber-Rilke besorgt durch Ernst Zinn (Bd. 1-4). Frankfurt am Main, 1955-1961
– *Weihnachtsbriefe an die Mutter*. Hg. von Hella Sieber-Rilke. Insel-Bücherei Nr. 1153. Frankfurt am Main und Leipzig, 1995
– *Briefe an Sidonie Nádherný von Borutin*. Hg. von Bernhard Blume. Frankfurt am Main, 1973
– *Briefe*. Hg. vom Rilke-Archiv in Weimar. In Verbindung mit Ruth Sieber-Rilke besorgt durch Karl Altheim. Wiesbaden, 1950

Das Gedicht für Clara Rilke (Seite 7), der Brief (Entwurf) an Marthe Hennbert (Seite 33; hier in deutscher Übertragung durch Curdin Ebneter) und die Briefe an Ruth Rilke (Seite 55 und Seite 57) sowie das Gedicht für sie (Seite 58) werden hier zum erstenmal nach den Handschriften im Rilke-Archiv Gernsbach veröffentlicht.

Inhalt

Weihnachten ist der stillste Tag im Jahr 7

Wenn Weihnachten naht

Es treibt der Wind im Winterwalde 11
An Sidonie Nádherný von Borutin, 15.12.1907 ... 12
Der Abend kommt von weit gegangen 13
An die Mutter, Vor Weihnachten 1923 14

Das Wunder der Weihnacht

Mechthild von Magdeburg: Wie das Kind gesehen ward 19
An die Mutter, 20.12.1903 20
An die Mutter, 20.12.1909 21
Geburt Christi 23
An die Mutter, 17.12.1920 24
An die Mutter, am letzten Adventssonntag 1921 .. 26
An die Mutter, 18.12.1922 27
An die Mutter, 17.12.1924 28
An die Mutter, vor Weihnachten 1925 30
Verkündigung über den Hirten (Einer neigte sich der Kronenblonden) 32
An Marthe Hennebert, Weihnachten 1912 33
Verkündigung über den Hirten (Steht auf, ihr Männer. Männer dort am Feuer) 34

Erfüllte Wünsche

Weihnacht 39
Das Christkind 40
An die Mutter, 22.12.1900 49
An die Mutter, 21.12.1907 51
An Sidonie Nádherný von Borutin, 26.12.1907 ... 53
An Ruth Rilke, 18.12.1910 55
An die Mutter, 19.12.1910 56
An Ruth Rilke, 22.12.1911 57
Weihnachts-Lied 58
An Else Hotop, 26.12.1918 59
An Katharina Kippenberg, 29.12.1918 60

Die Heilige Nacht feiern

Es gibt so wunderweiße Nächte 63
An Clara Rilke, 19.12.1906 64
An Sidonie Nádherný von Borutin, 30.12.1907 ... 69
An Sidonie Nádherný von Borutin, 26.12.1913 ... 70
An Dorothea von Ledebur, 15.1.1920 71

Weihnachten in Kriegsjahren

Vor Weihnachten 1914 75
1 75
2 76
3 76
An die Mutter, Weihnachten 1914 79
An die Mutter, 19.12.1915 81

An die Mutter, vor Weihnachten 1916 83
An die Mutter, 19.12.1917 85
An die Mutter, 2. Advent 1918 86
An die Mutter, 14.12.1919 88

Wenn Rosen zur Weihnacht blühen

An Ellen Key, 22.12.1903 91
An Lili Kanitz-Menar, 18.12.1906 93
An die Mutter, 19.12.1906 95
An Clara Rilke, 25.12.1906 96
An Sidonie Nádherný von Borutin, 19.12.1909 ... 97
An Clara Rilke, 17.12.1910 99
An die Mutter, 21.12.1911 101

Heilige Drei Könige

An Margot Sizzo, 6.1.1922 105
Die Heiligen Drei Könige 106

Nachwort 109
Textnachweise 116

»Weihnachtszeit«

Anthologien
im insel taschenbuch

Alle Jahre wieder. Ein Weihnachtsbuch. Erzählungen, Lieder und Bilder aus alter und neuer Zeit. Ausgewählt von Gottfried Natalis. it 1362. 447 Seiten

Fröhlicher Advent. Geschichten, Gedichte, Lieder und Bilder für die schönsten Tage des Jahres. Herausgegeben von Franz-Heinrich Hackel. Großdruck. it 2356. 242 Seiten

Geschichten vom Nikolaus. Gesammelt von Felix Karlinger. it 1769. 146 Seiten

Die Insel-Weihnachtsbücher. Drei Bände in Geschenkkassette. it 46, it 156, it 157

Märchen zur Weihnacht. Ein Hausbuch für groß und klein. Herausgegeben von Franz-Heinrich Hackel. it 1649. 292 Seiten

Die schönsten Weihnachtsgedichte. Herausgegeben von Gesine Dammel. it 2580. 128 Seiten

Weihnachten. Erzählungen aus alter und neuer Zeit. Ausgewählt von Gottfried Natalis. Mit zahlreichen Abbildungen und Initialen. it 946. 463 Seiten

Weihnachten, wie es war. Alte Erzählungen und Bilder. Ausgewählt von Gottfried Natalis. Mit farbigen Abbildungen. it 2352. 282 Seiten

Weihnachtserzählungen des 20. Jahrhunderts. Ausgewählt von Gottfried Natalis. it 1648. 218 Seiten

NF 21/1/5.02

Das Weihnachtsbuch. Mit alten und neuen Geschichten, Gedichten und Liedern. Ausgewählt von Elisabeth Borchers. it 46. 297 Seiten

Das Weihnachtsbuch der Lieder. Mit alten und neuen Liedern zum Singen und Spielen. Ausgewählt von Gottfried Natalis. Mit einem Nachwort von Ernst Klusen. Mit zahlreichen Bildern. it 157. 208 Seiten

Das Weihnachtsbuch für Kinder. Mit Geschichten, Gedichten und Bildern. Ausgewählt von Elisabeth Borchers. it 156. 292 Seiten

Weihnachtsgedichte aus tausend Jahren. Ausgewählt von Gesine Dammel. Großdruck. it 2785. 150 Seiten

Weihnachtsgeschichten aus Spanien. Herausgegeben von Michi Strausfeld. it 2786. 150 Seiten

Wundersame Geschichten von Engeln. Gesammelt von Felix Karlinger. it 1226. 134 Seiten

NF 21/2/5.02

Weihnachtsbücher im Insel Verlag Eine Auswahl

Hans-Christian Andersen. Die Schneekönigin. Übersetzt von Eva-Maria Blühm. Mit farbigen Illustrationen von Birgit Ackermann. it 2578. 112 Seiten

Hans-Christian Andersen. Weihnachts- und Wintermärchen. Ausgewählt von Ulrich Sonnenberg. it 2694. 180 Seiten

Elizabeth von Arnim. Weihnachten. Ausgewählt und übersetzt von Angelika Beck. Großdruck. it 2406. 80 Seiten

Charles Dickens. Weihnachtserzählungen. Mit Illustrationen von Leech, Stanfiels, Stone u.a. it 358. 504 Seiten

Charles Dickens. Die Silvesterglocken. Ein Märchen von Glocken, die ein altes Jahr aus- und ein neues Jahr einläuten. Mit elf Federzeichnungen nach der Erstausgabe von 1845. Nach der Übersetzung von Leo Feld. IB 89. 133 Seiten

Nikolai W. Gogol. Die Nacht vor Weihnachten. Mit farbigen Illustrationen von Monika Wurmdobler. it 584. 93 Seiten

E. T. A. Hoffmann. Die Abenteuer der Silvesternacht. Mit farbigen Illustrationen von Monika Wurmdobler. it 798. 81 Seiten

Jean Paul. Die wunderbare Gesellschaft in der Neujahrsnacht. Herausgegeben von Hermann Hesse. it 2262. 144 Seiten

Rainer Maria Rilke. Weihnachtsbriefe. IB 1153. 88 Seiten

NF 41/1/7.00

Adalbert Stifter. Der heilige Abend. Mit farbigen Illustrationen von Monika Wurmdobler. it 699. 76 Seiten

Theodor Storm. Knecht Ruprecht. Illustriert von Rolf Köhler. Mit einem Nachwort von Nadja Enzmann und Karl Kröhnke. it 2261. 56 Seiten

Theodor Storm. Unter dem Tannenbaum. Geschichten und Gedichte. Mit den Illustrationen der Erstausgabe von Otto Speckter und Ludwig Pietsch. Herausgegeben von Gottfried Honnefelder. Großdruck. it 2318. 180 Seiten

Felix Timmermans. Das Jesuskind in Flandern.
it 937. 192 Seiten

Felix Timmermans. Der Heilige der kleinen Dinge. Erzählungen. Übersetzt von Peter Mertens, Karl Jacobs und Friedrich Markus Huebner. Mit Zeichnungen des Autors.
it 1364. 196 Seiten

Felix Timmermans. Sankt Nikolaus in Not. Übersetzt von Anna Valeton-Hoos. Mit Bildern von Else Wenz-Viëtor.
it 2023. 32 Seiten

Drei Weihnachtsbücher in Geschenkkassette

- Das Weihnachtsbuch. Mit alten und neuen Geschichten, Gedichten und Liedern. it 46. 297 Seiten

- Das Weihnachtsbuch der Lieder. Mit alten und neuen Liedern zum Singen und Spielen. Mit zahlreichen Bildern. it 157. 208 Seiten

- Das Weihnachtsbuch für Kinder. Mit Geschichten, Gedichten und Bildern. it 156. 292 Seiten

NF 41/2/7.00

Rainer Maria Rilke
im Insel Verlag

Werke. Kommentierte Ausgabe in vier Bänden. Herausgegeben von Manfred Engel, Ulrich Fülleborn, Horst Nalewski, August Stahl. 4200 Seiten. Leinen oder Leder

Sämtliche Werke in sieben Bänden. Herausgegeben vom Rilke-Archiv. In Verbindung mit Ruth Sieber-Rilke besorgt durch Ernst Zinn. Dünndruck-Ausgabe. 6892 Seiten. Leinen

Sämtliche Werke in sechs Bänden. Herausgegeben vom Rilke-Archiv. In Verbindung mit Ruth Sieber-Rilke besorgt durch Ernst Zinn. it 1101-1106. 4892 Seiten

Einzelausgaben

Die Aufzeichnungen des Malte Laurids Brigge.
it 2565. 230 Seiten

Auguste Rodin. Mit 96 Abbildungen. it 766. 143 Seiten

Ausgesetzt auf den Bergen des Herzens. Gedichte aus den Jahren 1906 bis 1926. it 98. 206 Seiten

Das Buch der Bilder. it 26. 117 Seiten

Duineser Elegien. Die Sonette an Orpheus. it 80. 89 Seiten

Erste Gedichte. Larenopfer. Traumgekrönt. Advent.
it 1090. 167 Seiten

Die Erzählungen. it 1717. 434 Seiten

NF 10/1/2.00

Das Florenzer Tagebuch. Herausgegeben von Ruth Sieber-Rilke und Carl Sieber. it 1597. 116 Seiten

Frühe Gedichte. it 878. 117 Seiten

Die Gedichte in einem Band. it 2246. 1132 Seiten

Gedichte. Aus den Jahren 1902 bis 1917. Taschenbuchausgabe der 1931 als Privatdruck erschienenen Edition der Handschrift R. M. Rilkes. Illustriert von Max Slevogt. it 701. 236 Seiten

Gedichte aus den späten Jahren. Herausgegeben von Franz-Heinrich Hackel. it 1178. 139 Seiten

Geschichten vom lieben Gott. Mit Illustrationen von E. R. Weiß. it 43. 109 Seiten. it 2313. Großdruck. 158 Seiten

In einem fremden Park. Gartengedichte. Zusammengestellt von Marianne Beuchert. Fotos von Marion Nickig. it 1820. 77 Seiten

Lektüre für Minuten. Gedanken aus seinen Büchern und Briefen. Ausgewählt von Ursula und Volker Michels. it 1879. 173 Seiten

Die Letzten. Im Gespräch. Der Liebende. it 935. 76 Seiten

Die Liebenden. Die Liebe der Magdalena. Portugiesische Briefe. Die Sonette der Louïze Labé
it 2366. Großdruck. 126 Seiten

Neue Gedichte. it 49. 173 Seiten

NF 10/2/2.00

Rilke für Gestreßte. Ausgewählt von Vera Hauschild. it 2191. 100 Seiten

Rilkes Landschaft. In Bildern von Regina Richter. Zu Gedichten von Rainer Maria Rilke. Mit einem Nachwort von Siegfried Unseld. it 588. 86 Seiten

Das Stunden-Buch. Enthaltend die drei Bücher: Vom mönchischen Leben. Von der Pilgerschaft. Von der Armut und vom Tode. it 2. 119 Seiten

Über moderne Malerei. Herausgegeben von Martina Krießbach-Thomasberger. Mit zahlreichen farbigen Abbildungen. it 2546. 180 Seiten

Vom Alleinsein. Geschichten. Gedanken. Gedichte. Herausgegeben von Franz-Heinrich Hackel. it 1216. 149 Seiten

Worpswede. Fritz Mackensen. Otto Modersohn. Fritz Overbeck. Hans am Ende. Heinrich Vogeler. Mit zahlreichen Farbtafeln und Abbildungen im Text. it 1011. 236 Seiten

Zwei Prager Geschichten. Und ›Ein Prager Künstler‹. Herausgegeben von Josef Mühlberger. Mit Illustrationen von Emil Orlik. it 235. 149 Seiten

Briefe

Briefe über Cézanne. Herausgegeben von Clara Rilke. Besorgt und mit einem Nachwort versehen von Heinrich Wiegand Petzet. Mit siebzehn farbigen Abbildungen. it 672. 140 Seiten

NF 10/3/2.00